16세기
미암 유희춘의
경제생활

16세기
미암 유희춘의
경제생활

초판 1쇄 인쇄 2023년 11월 13일
초판 1쇄 발행 2023년 11월 20일

—

기 획 한국국학진흥원
지은이 이성임
펴낸이 이방원

책임편집 이희도   **책임디자인** 양혜진
마케팅 최성수·김 준   **경영지원** 이병은

—

펴낸곳 세창출판사
　　신고번호 제1990-000013호 주소 03736 서울특별시 서대문구 경기대로 58 경기빌딩 602호
　　전화 02-723-8660 팩스 02-720-4579 **이메일** edit@sechangpub.co.kr **홈페이지** http://www.sechangpub.co.kr
　　블로그 blog.naver.com/scpc1992 **페이스북** fb.me/Sechangofficial **인스타그램** @sechang_official

—

ISBN 979-11-6684-268-9 94910
　　　　979-11-6684-259-7 (세트)

한국국학진흥원 전통생활사총서 9

16세기
미암 유희춘의
경제생활

이성임 지음
한국국학진흥원 기획

세창출판사

　　한국국학진흥원에서는 2022년부터 문화체육관광부의 지원
으로 전통생활사총서 사업을 기획하였다. 매년 생활사 전문 연
구진 20명을 섭외하여 총서를 간행하기로 했다. 올해 나온 20권
의 본 총서가 그 성과이다. 우리 전통시대의 생활문화를 대중에
널리 알리고 공유하기 위한 여정이 시작된 것이다.

　　한국국학진흥원은 국내에서 가장 많은 민간기록물을 소장
하고 있는 기관으로, 그 수는 총 62만 점에 이른다. 대표적인 민
간기록물로 일기와 고문서가 있다. 일기는 당시 사람들의 일상
을 세밀하게 이해할 수 있는 생활사의 핵심 자료이다. 고문서는
당시 사람들의 경제 활동이나 공동체 운영 등 사회경제상을 이
해할 수 있는 자료이다.

　　한국의 역사는 『조선왕조실록』이나 『승정원일기』와 같이 세
계적으로 자랑할 만한 국가기록물의 존재로 인해 중앙을 중심
으로 이해되어 왔다. 반면 민간의 일상생활에 대한 이해나 연구
는 관심을 덜 받았다. 다행히 한국국학진흥원은 일찍부터 민간
에 소장되어 소실 위기에 처한 자료들을 수집하고 보존처리를

통해 관리해 왔다. 또한 이들 자료를 번역하고 연구하여 대중에 공개했다. 그리고 이러한 민간기록물을 활용하고 일반에 기여할 수 있는 방법으로 '전통시대 생활상'을 대중서로 집필하는 방식을 통해 생생하게 재현하여 전달하고자 했다. 일반인이 쉽게 읽을 수 있는 교양학술총서를 간행한 이유이다.

총서 간행을 위해 일찍부터 생활사의 세부 주제를 발굴하는 전문가 자문회의를 개최하고, 전통시대 한국의 생활문화를 가장 잘 구현할 수 있는 핵심 키워드를 선정하였다. 전통생활사 분류는 인간의 생활을 규정하는 기본 분류인 정치·경제·사회·문화로 지정하였다. 이를 기반으로 매년 각 분야에서 핵심적인 키워드를 선정하여 집필 주제를 정했다. 금번 총서의 키워드는 정치는 '관직생활', 경제는 '농업과 가계경영', 사회는 '가족과 공동체 생활', 문화는 '유람과 여행'이다.

분야마다 5명의 집필진을 해당 어젠다의 전공자로 구성하였다. 서술은 최대한 이야기체 형식으로 다양한 사례를 풍부하게 녹여 달라고 요청하였다. 특히 어디서나 간단히 들고 다니며 읽을 수 있도록 쉽게 서술해 줄 것을 부탁하였다. 그러면서도 본 총서는 전문연구자가 집필했기에 전문성 역시 담보할 수 있다.

물론 전문적인 서술로 대중을 만족시키기는 매우 어렵다. 그래서 원고 의뢰 이후 5월과 8월에는 각 분야의 전공자를 토론자로 초청하여 2차례의 포럼을 진행하였다. 11월에는 완성된 초고를 바탕으로 1박 2일에 걸친 대규모 학술대회를 개최하였다. 포럼과 학술대회를 바탕으로 원고의 방향과 내용을 점검하는 시간을 가졌다. 원고 수합 이후에는 책마다 전문가 3인의 심사의견을 받았다. 2023년에는 출판사를 선정하여 수차례의 교정과 교열을 진행했다. 책이 나오기까지 꼬박 2년의 기간이었다. 짧다면 짧은 기간이다. 그러나 2년의 응축된 시간 동안 꾸준히 검토 과정을 거쳤고, 토론과 교정을 진행하며 원고의 완성도를 높이기 위해 분주히 노력했다.

전통생활사총서는 국내에서 간행하는 생활사총서로는 가장 방대한 규모이다. 국내에서 전통생활사를 연구하는 학자 대부분을 포함하였다. 2022년도 한 해의 관계자만 연인원 132명에 달하는 명실공히 국내 최대 규모의 생활사 프로젝트이다.

1990년대 이후 폭발적으로 증가했던 일상생활사와 미시사 연구는 근래에는 학계의 관심이 소홀해진 상황이다. 본 총서의 발간이 생활사 연구에 다시 활력을 불어넣는 계기가 되기를 기대한다. 연구의 활성화는 연구자의 양적 증가로 이어지고, 연구의 질적 향상 또한 이끌 것이다. 그렇게 된다면 전통문화에 대한 대중들의 관심 역시 증가할 것으로 기대된다.

본 총서는 한국국학진흥원의 연구 역량을 집적하고 이를 대중에게 소개하기 위해 기획된 대표적인 사업의 하나이다. 참여한 연구자의 대다수가 전통시대 전공자이며, 앞으로 수년간 지속적인 간행을 준비하고 있다. 올해에도 20명의 새로운 집필자가 각 어젠다를 중심으로 집필에 들어갔고, 내년에 또 20권의 책이 간행될 예정이다. 앞으로 계획된 총서만 80권에 달하며, 여건이 허락되는 한 지속할 예정이다.

대규모 생활사총서 사업을 지원해 준 문화체육관광부에 감사하며, 본 기획이 가능하게 된 것은 한국국학진흥원에 자료를 기탁해 준 분들 덕분이다. 이 자리를 빌려 그분들께 다시 한번 감사드린다. 아울러 총서 간행에 참여한 집필자, 토론자, 자문위원 등 연구자분들께도 감사 인사를 전한다. 책의 편집을 책임진 세창출판사에도 감사드린다. 이 모든 과정은 한국국학진흥원 여러 구성원의 노력이 있었기에 가능했다.

2023년 11월

한국국학진흥원 연구사업팀

차례

1

유희춘과 그의 일기

일기, 생활사의 기초

우리는 양반의 경제생활에 대해서 추상적으로 생각하는 경향이 있다. 먹고사는 문제를 살피는 사실을 불경스럽게 생각한다. 기본적으로 양반은 세상사에 어둡다는 선입견이 있으며, 이를 당연하게 여기는 경향이 있다. 문득 대학교 때 어느 교수님이 하신 말씀이 생각이 난다. 양반은 푸줏간에 가지 않고, 손으로 돈을 세지 않는다는 것이다. 정말 그랬을까? 우리 안에는 그만큼 세상사와 동떨어진 양반의 모습이 자리 잡고 있는 것이다. 그도 그럴 것이 조선시대 청렴한 재상이라고 하면 황희黃喜 정승을 떠올리고, 그의 최고 덕목으로 청렴을 거론한다. 선비는 가난에 개의치 않고 학문에만 전념했을 것이라 믿는다. 우리는 은연중에 부인이 마당에 널어놓은 보리 섬이 빗물에 떠내려가는 것도 모른 채 글만 읽어 대야 한다고 믿는다. 누구나 청백리 조상을 갖고 싶어 하고, 이를 자랑스럽게 여기는 풍조가 만연해 있다. 정말 청렴이 조선시대 양반을 대표할 만한 키워드가 될 수 있을까? 실재의 모습을 유희춘이라는 인물이 작성한 일기를 통해 접근해 보기로 하겠다.

1990년대 전반부터 일기가 역사 연구에 본격적으로 활용되었다. 그 영향으로 조선시대 연구 경향에 커다란 변화가 나타났다. 자본주의 맹아론에 집중하던 연구는 줄어들고, 생활사나 미시사로 방향 전환이 이루어졌다.[1] 일기는 한 개인이 자신의 생각이나 주변 상황을 비교적 솔직하게 기록한 현장감 넘치는 자료이다.[2] 생활사 연구는 16세기 일기가 본격적으로 활용되면서부터 시작되었다. 구체적으로는 이문건李文楗(1494-1567)의 『묵재일기默齋日記』(1535.11.-1567.2.), 유희춘柳希春(1513-1577)의 『미암일기眉巖日記』(1567.10.-1577.5.), 오희문吳希文(1539-1613)의 『쇄미록瑣尾錄』(1591.4.-1601.2.) 등이다. 이들 일기는 16세기 70년간의 시대상을 연속적으로 보여 주고 있다. 일기 작성자의 사회적 위상과 여건이 서로 다르지만 비교적 솔직하게 자신의 신변에 일어난 사실을 기록하고 있다.

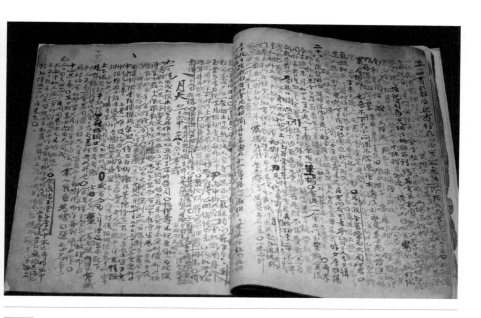

그림1 『미암일기』 내면

11년 동안의 일기가 남아 있음

　여기서는 유희춘의 『미암일기』[3]를 중심으로 해서 고위 관직
자의 경제생활 운용방식에 주목해 보고자 한다. 고위 관직자에
게 있어 관직 그 자체가 광범위한 재산 증식의 토대가 된다는
생각에서이다. 『미암일기』는 중종 말년부터 선조 초까지 활동
한 유희춘의 일기이다. 이 일기는 중앙의 고위직을 역임한 관직
자의 일기로서는 가장 방대하여 그 사료적 가치가 높이 평가되
어 왔다. 유희춘이 중앙의 고위직을 역임하면서 작성한 일기라

는 점에서 주목된다. 아버지와 형이 일기를 작성한 사실로 미루어 유희춘도 오랫동안 일기를 작성했을 것으로 보인다. 그러나 안타깝게도 현재 남아 있는 것은 그의 말년 기록 11년 치에 불과하다. 이 일기는 선산 유씨 집안이 아니라 사돈인 백명헌白明憲가에 전해 내려왔다. 이 집안은 유희춘의 외손녀가 혼인한 백진남白振南의 후손가이다. 유희춘은 본처인 송덕봉과의 사이에서 1남 1녀를 두었다. 딸은 윤관중尹寬中과의 사이에 딸 하나만두었는데, 그의 이름이 은우恩遇이다. 은우가 백진남과 혼인하였는데, 그는 호남의 명필 백광훈白光勳의 아들이었다.

이 일기는 『선조실록』을 편찬하는 기초자료가 되었다. 잘 알려져 있다시피 1592년(선조 25)의 전란으로 인해 이때까지 작성한 사초史草가 불타 버렸다. 사초는 사관이 국왕과 신료 사이에 논의된 국정 현안은 물론 국왕의 일거수일투족까지 기록한 국가의 중요한 기록물이다. 이 자료가 전란으로 불타 버리는 바람에 선조 즉위 이후 25년까지의 실록을 편찬할 기초 자료가 부족하였다. 이로 인해 당시 관직 생활을 하던 학자의 일기를 활용하였는데, 구체적으로는 이이李珥의 『석담일기石潭日記』와 기대승奇大升의 『논사록論思錄』과 유희춘의 『미암일기』이다. 그러나이 중에 『미암일기』가 가장 많이 활용되고 있었다. 만일 유희춘의 일기가 없었다면 그 정도의 실록 편찬도 불가능했을 것이다.

『미암일기』는 1567년(선조 즉위) 10월 1일 유희춘이 충청도 은진에서부터 시작하여 1577년 5월 13일 그가 죽기 이틀 전까지 작성한 것이다. 유희춘은 1577년 5월 15일에 사망하는데, 14일에는 내용은 없고, 다만 작은 글씨로 '병환이 매우 중하여 일기를 쓰지 못한다'라고 쓰여 있다. 이는 유희춘이 아니라 그의 후손이 추기한 것으로 보인다. 유희춘은 선조의 부름을 받고 상경하던 중에도 일기를 챙겼던 것이다. 이를 통해 죽기 이틀 전까지 일기를 작성하였던 유희춘의 철저한 기록 정신을 엿볼 수 있다. 지금 전해오는 일기가 940여 종에 이른다지만 고위 관직자의 일상을 사실적으로 기록한 경우는 그리 많지 않다. 그러한 의미에서도 『미암일기』가 갖는 자료적 가치가 높다. 이 일기가 본래 어느 정도였는지는 알기 어렵다. 그러나 정유재란을 겪으면서 많이 유실되었다고 한다. 17세기에는 21권 정도가 남아 있었으며, 18세기 후손 유복삼柳復三이 살았을 당시에 14권 정도가 전해졌다. 그러나 1945년 단계에는 일기 10책과 부록 1책을 합해 모두 11책만이 남게 되었다.[4]

그림 2　담양 대덕 소재 모현관, www.heritage.go.kr, 문화재청 근대문화재, 근대문화과 작성, 2019

957년 지어져 『미암일기』를 보관하던 곳

소재 미암박물관

지 덕봉 아래 위치

유희춘과 송덕봉

16세기는 균분상속이 시행되던 시기이므로 본가는 물론이고 외가와 처가의 사회적 위상과 경제력이 재산 형성에 중요한 역할을 하였다. 유희춘의 경우에는 본가보다는 외가와 처가의 영향력을 바탕으로 하였다. 그러므로 본가 이외에 처가와 외가의 인적 계보와 경제 상황을 종합적으로 살펴볼 필요가 있다.

유희춘의 자는 인중仁仲이며 호는 미암眉巖·인재寅齋이다. 유희춘의 선대는 그리 명망 높은 가문은 아니었다. 고조인 문호文浩 때에 영남에서 호남의 광양으로 이주했다가 다시 순천으로 옮기게 되는데, 그의 관직은 동래부 소속의 감포만호였다. 순천으로 이주하면서부터 이곳에 일정한 기반을 형성하였을 것이다. 그러나 증조·조·부가 모두 관직에 나가지 못하였다.

유희춘의 부인 유계린은 관직에 나가지 않았지만 해남에 근거를 갖고 있는 최보崔溥[5]의 사위가 됨으로써 선산 유씨가 호남에 기반으로 형성하는 데 중요한 역할을 담당하였다. 유계린은 2남 3녀를 두었는데, 2남이 유성춘柳成春과 유희춘이다. 선산 유씨는 이들 형제의 관직 진출로 인해 가문이 번창하게 된다.

유희춘은 어려서 아버지로부터 수학하였다. 유계린은 호남 사림의 거두 최보와 김굉필金宏弼에게 수학하고 최보의 사위가 되어 선산 유씨가 해남 윤씨, 나주 나씨 등과 혈연관계를 갖고 호남지역 사림파의 맥을 잇는 계기를 제공하였다. 유희춘은 최산두崔山斗를 거쳐 김안국金安國의 제자가 되었다. 김안국은 조광조와 더불어 중종 대 정치에 혁신을 가져온 대표적인 사림파 관료이다.

이러한 김굉필 계통의 기묘 사림파의 학문적 영향으로 유희춘은 경학經學을 귀하게 여기고 사장詞章을 천하게 여기는 학문 경향을 갖게 되었고, 경서를 널리 보아 선조 대의 주자학 연구 및 학문 발전에 많은 공헌을 하였다. 유희춘은 성균관 유생이나 학자들 간에 '동방東方의 주자朱子'요, '서중書中 신명神明'[6]이라 불리기도 하였다.

유희춘은 당시 관직 생활을 하던 주자학자를 비롯하여 중앙과 지방의 관료들과 밀접한 관계를 유지하였다. 선조 초년 이황李滉이 경연관으로 재출사한 뒤에는 교류가 더욱 빈번하였다. 유희춘은 선조 초년에 이이李珥와 같이 경연관으로 활동하였다. 유희춘은 그의 학문을 높이 평가하여 사서오경의 구결口訣과 언해諺解의 상정詳定 작업에 추천하기도 하였다.

유희춘은 25세 되던 1537년(중종 32)에 생원시에 합격하고 이어 다음 해에 문과에 급제하여 그해 성균관 학유로서 관직 생활을 시작하였다. 이후 홍문관 수찬으로 관직 생활을 하다가

1543년(중종 38) 6월 무장현감에 부임하였다. 2년 뒤 인종이 즉위하면서 다시 홍문관 수찬이 되어 상경하고 명종이 즉위한 후로는 사간원 정언으로 자리를 옮기게 된다.

중종이 승하하고 인종이 즉위하여 일시적으로 윤임尹任 세력이 득세하였으나 인종이 즉위 8개월 만에 죽고 이를 이은 명종이 나이가 어려 문정왕후文定王后가 수렴청정을 하면서부터 윤원형尹元衡 일파가 세력을 얻게 되었다. 이때 유희춘은 파직되었고, 다시 1547년(명종 2) 9월의 양재역 벽서 사건에 연루되어 제주로 절도안치絶島安置되었다. 그러나 제주가 그의 향리 해남과 가깝다는 이유로 다시 함경도 종성으로 옮겨져서 이곳에서 18년간 유배 생활을 하게 되었다. 그러나 1565년(명종 20) 문정왕후가 죽고 이어 윤원형이 축출되자 충청도 은진(현재의 논산)으로 중도양이中道量移되고 명종이 죽고 선조가 즉위하면서 성균관 직강으로 재출사하게 된다.

이후 유희춘은 10여 년 동안 내직으로 사헌부 장령·사간원 사간·성균관 대사성을 비롯하여 홍문관 부제학·예조 참판·사헌부 대사헌을 역임하였으며 외직으로는 전라감사를 지냈다. 이 중 홍문관 부제학에 가장 오래 재직하였다. 유희춘에 대한 선조의 신임은 절대적이어서 1571년(선조 4) 10월 유희춘이 전라감사로 있을 때 대사헌에 추천되지 않았는데도 특채하였으며

1577년 3월 부제학이던 유희춘에게 자헌대부를 제수하기도 하였다. 이러한 사실은 이전에 전례가 없었던 일이다. 선조는 유희춘의 강독과 해설을 절대적으로 믿고 따라서 유희춘이 경연에 참석하지 않은 때에 다른 설이 제기되면, '유희춘은 경적을 널리 보아 학술이 정밀하고 자상하니 따르지 않을 수 없다'고 하여 이설을 쉽게 받아들이지 않았다.

유희춘의 부인은 송덕봉宋德峰으로 조선시대 대표적인 여류 문인의 한 명이다. 송덕봉은 1521년(중종 16) 송준宋駿과 함안 이씨의 3남 2녀 중 막내로 태어났다. 그녀의 휘는 종개鍾介이고 자는 성중成仲이며 호는 덕봉이다. 여성으로서는 흔하지 않게 휘와 자, 호가 모두 남아 전한다. 여기서 덕봉은 그녀가 거주하던 담양군 대곡의 뒷산을 가리킨다. 그녀는 경사經史와 시문詩文에 뛰어난 여사女史였다. 그녀는 조카 송진宋震을 통하여 『덕봉집德峰集』이라는 문집을 남겼으며, 남편의 일기인 『미암일기』에 그녀의 행적이 잘 드러나 있다.

홍주 송씨 집안은 송평宋枰 대에 순창에서 담양으로 옮겨가는데, 관직은 세자 별시위였다. 송기손宋驥孫은 성종 때에 생원시에 합격하여 음서로 사헌부 감찰·단성현감을 역임하였다. 그는 진주에 근거를 갖는 이인형李仁亨의 딸과 혼인하여 3남 2녀를 두었다. 3명의 아들이 송정로宋廷老·송정언宋廷彦·송정수宋廷秀이며 두 명의 딸은 변수정邊守禎과 유희춘에게 출가하였다. 송정언의 아들 송진이 송덕봉의 시 38수를 모아 첩으로 간행하였다. 홍주 송씨 중 가장 번창한 계열은 송구宋駒의 후손들이다. 두 아들이 모두 문과를 통해 관직에 나갔는데, 송정순宋廷筍은 사헌부 감찰·경상도사를 비롯하여 여러 지방관을 역임하였다. 송정황宋庭篁은 김인후金麟厚의 문인으로 홍문관 정자·전라도사 등을 역임하였다. 그는 주자학에 대한 이해가 깊어 기대승奇大升과 같이 『주자문朱子文』을 완성했는데, 이는 『주자어류朱子語類』에서 요점을 가려 뽑은 것이다. 송정황의 아들 송제민宋濟民은 임진왜란 당시 김천일金千鎰의 막하에서 전라도 의병조사관으로 활약하였으며, 그의 아들 송타宋柁는 정유재란 당시 의병으로 활약하다가 한산도에서 왜적에게 포위당하자 투신하고 만다.

유희춘은 최보의 외손이요, 김안국金安國의 제자로 1538년(중종 33) 문과에 급제하여 성균관 학유로서 관직에 나아갔다. 그러나 을사사화에 연루되어 종성에서 18년간을, 다시 은진에서 2년간 유배 생활을 하였다. 본래 유희춘의 유배지는 제주였으나 유희춘의 고향인 해남과 이곳이 해남과 너무 가깝다는 이유로 함경도 종성으로 유배되어 그곳에서 18년을 지내게 된 것이다. 충청도 은진으로 이배된 것은 1565년(명종 20) 12월에 중도양이가 결정되면서 이곳으로 옮겨져서 선조가 즉위할 때까지 2년간을

지내게 되었다. 오랜 기간의 유배 생활로 인하여 당시 유희춘 일
가는 양반으로서의 체모를 유지하기가 어려웠다. 어머니를 비
롯한 일가는 여러 사람의 도움을 받아야 했으며, 1555년(명종 10)
을묘왜변 이후에는 담양으로 거처를 옮겨 해남의 토지와 선영
은 퇴락하였으며 노비는 각지로 흩어진 상황이었다. 유희춘은
1567년(선조 즉위) 유배에서 풀려 성균관 직강으로 재출사 한 이
후 정4품인 홍문관 응교를 시작으로 10여 년 동안 내직으로 사

그림 4 담양군 대덕 소재 유희춘 내외의 산소

헌부 장령·사간원 사간·성균관 대사성을 비롯하여 홍문관 부제학·예조 참판·사헌부 대사헌을 역임하였으며, 외직으로는 전라감사를 지냈다. 그는 홍문관 부제학에 가장 오랫동안 재직하였다. 여기서 그의 경제생활은 어떻게 운영되고 있었는지를 살펴보도록 하겠다.

2

관직자의 물적 수취

녹봉의 수록

녹봉의 규모

유희춘은 관직 생활을 하는 동안 녹봉을 지급받았다. 관직 생활에 대한 대가로 녹봉을 받았던 것이다. 유희춘이 어느 정도의 녹봉을 받았고, 그것이 그의 경제생활에서 어떠한 의미를 가졌는지를 살펴보도록 하겠다.

녹봉은 1556년(명종 11) 직전법職田法이 폐지된 이후 국가가 관료에게 지급하는 주요 생활 보장책이었다. 이는 기본적으로 관인이 염치를 길러 부정에 빠져들지 않고 청렴하게 관직에 전넘하게 하기 위해서 국가에서 조세로 거둬들인 쌀 등을 현물 형태로 지급하는 것이다. 고려시대 이래 16세기 중엽까지는 관리의 처우 내지는 생활 보장 차원에서 과전科田도 지급되어 상당량의 수조권收租權도 지녔으나 과전의 지급이 중단된 이후로는 녹봉만이 지급되었다.

지금까지 녹봉제 연구는 주로 고려시대에 집중되었고, 조선시대에 대한 것은 제도사를 중심으로 이루어졌다.[7] 따라서 녹봉이 양반 관료에게 어떠한 형태로 지급되었으며 나아가 이것이 그들의 경제생활에서 어떠한 의미를 갖는지에 대해서는 알려진 사실이 거의 없다.

녹봉은 '녹'과 '봉'이 구분되는 것으로 본래의 개념이 서로 다르다. 녹은 사맹삭四孟朔이라 해서 3개월에 한 번씩 받는 것을 의미하며, 봉은 1개월에 한 번 받는 것이다. 녹봉은 정월, 4월, 7월, 10월에 실직을 18과科로 나누어 광흥창에서 지급하게 되어 있다. 그러다가 1671년(현종 12) 이후에는 관료들의 급여가 매달 지급하도록 하는 월봉체제로 바뀌었다.

유희춘의 『미암일기』에는 17회의 수록과 1회의 수봉 기록이 확인된다. 17회의 수록은 녹패를 가지고 광흥창에 가서 직접 수록한 경우이고, 1회의 수봉은 형조의 서리가 삭료를 직접 가지고 온 경우이다. 유희춘이 1574년(선조 7) 8월 7일부터 9월 11일까지 약 1개월간 형조 참판을 지내게 되어 월봉을 받게 된 것이다.

그러면 수록 시기를 구체적으로 살펴보도록 하겠다. 유희춘이 귀향했을 경우 다소 늦어지기도 했지만, 대체로는 해당 월의 7-9일에 수록하였다. 그러므로 당시 녹봉 수록에 있어서는 『조선경국전』에서 정한 규정이 지켜지고 있었음을 알 수 있다.[8] 유희춘이 전라감사로 재직하던 1571년(선조 4) 2월 4일부터 10월 14일까지는 녹봉이 지급되지 않은 것으로 보인다.[9] 그러면 연간 수록한 녹봉은 어느 정도이고, 그것이 지니는 경제적 의미는 어느 정도일까. 【표 1】은 『경국대전』에 규정된 것과 유희춘이 실제 수록한 양을 비교하여 본 것이다.

【표 1】을 통해 『경국대전』의 규정량을 수록한 경우는 6회(11·12·13·14·15·17)뿐이라는 사실을 알 수 있다. 17회 중 정량을 받은 경우는 6회(35%)에 불과하고 나머지는(65%)는 모두 감록되었다. 흉년이 들었다거나 중국 사신의 왕래로 지출이 많아졌다는 이유를 들어 감록하기도 하고, 아예 실제보다 하위의 녹을 지급하기도 하였다. 당시 조정에서는 정해진 규모의 녹봉을 지급하기가 어려웠음을 알 수 있다.

그러면 유희춘이 연간 수록한 녹봉은 어느 정도일까. 이를 위해 비교적 중·하위직을 지내던 때와 당상관 이상의 고위직을

번호	수록시기	관직	품계	『경국대전』의 규정량	실제 수록량	첨부내용
1	1568. 1. 29.	직강·교리·응교	정4품	7과 춘등: 중미(中米) 2섬, 조미(造米) 6섬, 전미(田米) 1섬, 황두(黃豆) 7섬, 주(紬) 1필, 포(布) 3필, 저화 6장	쌀 8섬, 콩(太) 7섬, 주 1필, 포 3필	쌀 1섬 감록
2	1568. 4. 8.	응교·장령·사간	종3품	6과 하등: 중미 2섬, 조미 7섬, 밀 3섬, 주 1필, 포 3필	쌀 8섬, 보리 3섬, 주 1필, 포 3필	쌀 1섬 감록
3	1568. 7. 8.	사간·응교·사간	종3품	6과 추등: 중미 2섬, 조미 7섬, 밀 3섬, 주 1필, 포 3필	쌀 8섬, 보리 3섬, 주 1필, 포 3필	쌀 1섬 감록
4	1569. 7. 11.	승문원 부제주	정3품 (당상)	5과 추등: 중미 3섬, 조미 8섬, 조 1섬, 밀 4섬, 주 1필, 포 3필	쌀 10섬, 조 1섬, 보리 4섬	용산창에서 수록 (감록)
5	1569. 10. 8.	좌부승지·상호군	정3품 (당하)	5과 동등: 중미 2섬, 조미 8섬, 콩[太] 7섬, 주 1필, 포 3필	쌀 8섬, 콩 7섬, 포 5필	대호군록 수록(감록)
6	1570. 7. 8.	?			쌀 9섬, 조 1섬, 보리 4섬, 주 1필, 포 3필	흉년으로 쌀 2섬 감록
7	1570. 10. 8.	상호군·우승지	정3품 (당상)	5과 동등: 중미 2섬, 조미 8섬, 콩 7섬, 주 1필, 포 3필	쌀 8섬, 콩 7섬, 주 1필, 포 3필	대호군록 수록(감록)
8	1571. 3. 5.	상호군·전라감사	종2품	4과 하등: 중미 3섬, 조미 10섬, 밀 4섬, 주 1필, 포 3필	쌀 10섬, 콩 7섬, 주 1필, 포 4필	(감록)
9	1572. 10. 8.	부제학·제학	종2품	4과 동등: 중미 3섬, 조미 9섬, 콩 8섬, 주 1필, 포 3필	쌀 10섬, 콩 7섬, 주 1필, 포 3필	(감록)
10	1573. 1. 8.	?	종2품	4과 춘등: 중미 3섬, 조미 9섬, 조 1섬, 콩 9섬, 주 2필, 포 4필, 저화 8장	중미 3섬, 조미 9섬, 콩 8섬, 주 1필, 포 4섬	2품 승진후에도 매번 3품록 수록
11	1573. 4. 7.	대사헌·부총관·첨지·대사헌·예조참판	종2품	4과 하등: 중미 3섬, 조미 10섬, 밀 4섬, 주 1필, 포 3필	쌀 13섬, 보리 4섬, 주 1필, 포 3필	참판록 수록
12	1573. 7. 21.	예조참판	종2품	4과 추등: 중미 3섬, 조미 9섬, 조 1섬, 밀 4섬, 주 1필, 포 3필	쌀 12섬, 조 1섬, 보리 4섬, 주 1필, 포 4필	
13	1573. 10. 7.	예조참판·대사헌·동지중추부사·예조참판	종2품	4과 동등: 중미 3섬, 조미 9섬, 콩 8섬, 주 1필, 포 3필	쌀 12섬, 콩 8섬, 주 1필, 포 3필	4과록수록
14	1574. 1. 8.	예조참판·부제학	정3품 (당상)	5과 춘등: 중미 3섬, 조미 8섬, 조 1섬, 콩 7섬, 주 1필, 포 4필, 저화 8장	중미 12섬, 콩 8섬, 주 1필, 포 4필	
15	1574. 7. 13.	부제학·부총관·부제학	정3품 (당상)	5과 추등: 중미 3섬, 조미 8섬, 조 1섬, 밀 4섬, 주 1필, 포 3필	?	부제학록 수록
*16	1574. 9. 16.	형조참판	종2품		쌀 12말, 콩 9말	월봉: 형조리가 가져옴
17	1576. 7. 25.	부제학·(동지중추부사)	종2품	4과 하등: 중미 3섬, 조미 9섬, 밀 4섬, 주 1필, 포 3필	중미 3섬, 조미 10섬, 밀 4섬, 주 1필, 포 3필	하록: 동지중추록 수록
18	1576. 7. 25.	부제학·동지중추부사	종2품	4과 추등: 중미 3섬, 조미 9섬, 조 1섬, 밀 4섬, 주 1필, 포 3필	중미 3섬, 조미 8섬, 조 1섬, 보리 4섬, 주 1필, 포 3필	추록: 부제학록 수록 (감록)

표 1 『경국대전』 규정 및 유희춘의 수록 규모

역임하던 시기를 비교하여 보도록 하겠다.

> 1568년(선조 1): 쌀 32섬, 콩[太] 14섬, 보리 6섬, 명주 4필,
> 포 12필
> 1573년(선조 6): 쌀 50섬, 콩 16섬, 보리 8섬, 명주 4필,
> 포 14필

녹봉은 어느 정도의 경제적 가치를 갖는 것일까? 이를 파악하기 위해 『미암일기』에서 거래되던 물가로 환산해 보기로 하겠다. 16세기에는 국가에서 정하고 있는 화폐는 존재하지 않았다. 그러나 화폐가 없다고 하여 거래가 이루어지지 않는 것은 아니다. 당시에는 현물이 화폐로 사용되던 시기이므로 쌀이나 포를 기준으로 하여 경제적인 가치를 살펴볼 수밖에 없다. 먼저 쌀 5말이 5승목 1필에,[10] 보리 2섬이 5승목 5필로,[11] 명주 2필이 쌀 24말[12]에 거래되었다. 1568년의 경우 1년의 녹봉이 백미 51섬 정도의 경제적 가치를 갖는 것으로 나타난다. 이 시기에 선상가選上價가 26여 섬, 지방관이나 친인척으로부터 받은 쌀 186여 섬, 논에서의 수확량이 83여 섬이었다.[13] 1573년(선조 6)의 경우는 백미 81섬 정도가 되는 것으로 보인다. 이 시기 수확량의 규모는 알 수 없으나 선상가·보병가步兵價가 104여 섬, 수증한 쌀

이 49섬 6말이었다. 이로 보면 녹봉이 유희춘의 경제생활에서 차지하는 비중이 절대적이었다고 하기는 어렵다. 그러므로 국가에서는 녹봉을 관료들의 처우 내지는 생활을 보장한다는 차원에서 지급했지만, 관료들의 입장은 그렇지 못하였던 것이다.

녹봉의 경제적 가치

녹봉은 어떠한 의미를 지니는 것일까. 이는 녹봉의 사용처를 통해 짐작해 볼 수 있다. 물론 유희춘이 일기에 녹봉의 용처를 모두 기록하지 않았고, 녹미라도 다른 쌀과의 구분이 모호한 경우도 있어 명확히 하기에 어려움이 있다. 그러나 쌀이나 포를 기록할 경우 대체로 앞에 녹자를 써서 구분하고 있으며, 그렇지 않은 경우라도 전후 사정을 통해 어느 정도의 파악은 가능하다. 【표 2】는 『미암일기』에서 유희춘이 녹봉을 사용하고 있는 실태를 뽑아 정리한 것이다.

사실 기록이 완전치 못하여 녹봉의 용처를 모두 파악하기는 어렵다. 그러나 1568년의 경우 쌀은 전섬(全石)[14]으로 5섬 15말, 포 4필, 보리는 전섬으로 2섬이 사용되었음을 알 수 있다. 나머지도 대개 양식 및 노비 삭료, 식객 접대, 제물 준비 등에 사용되었을 것이다. 주목되는 사실은 서울에 올라와 있는 재경노

시기	사용규모	용처
1568	녹포 2필	『사문유취(事文類聚)』구입
	보리 전2섬	5, 6승목 5필로 교환
	녹미 전5섬 2말	부인의 금선 저고리단자 18자와 대홍단자 5자를 구입
	녹포 2필	4명의 노에게 여름용 옷감으로 나누어 줌
	녹미 2말	사인 한호정(韓灝正) 부조
	녹미 10말	신충경(申沖卿)에게 빌려줌
	녹미 1말	김명견(金命堅) 처 부조
1569	녹미 2말	이희검(李希儉) 부조
1570	녹미 3말	『자치(資治)』 2권, 『통전(通典)』 13권 구입
	녹미 2섬, 콩[太] 3섬	전억(全億)의 논 매득
	녹미 2말	참판 유세린(柳世麟) 부인의 처소에 보냄
	녹미 3말	대사성 기대승(奇大升) 부인의 처소에 보냄
	쌀 1섬, 녹미 15말	얼녀 해성(海成)에게 보냄
	보리 5말	
1571	녹미 전4섬, 콩 평2섬	연초록단자 26자반 1필 구입
	녹미 24말	내주(內紬) 2필 구입
	녹미 1말	서피(鼠皮) 2벌 구입
	녹미 전5섬, 보리 1섬	얼녀 해성(海成)에게 보냄
	녹미 2섬	직장 이방주(李邦柱)에게 보냄
	녹미 2말	안천지(安千之)와 지평 김저(金儲) 첩에게 보냄
1573	쌀 70말	5승목 14필로 장시에서 바꿔옴
	녹포 3필	조복(朝服) 구입
1574	녹포 2필(추가로 보냄)	조복 구입
	녹포	한중(澣中)에게 보냄
	녹포 1필	함일자(咸日者)에게 줌
1576	녹포 1필	이희장(李希璋)에게 줌
	녹포 2필	아들 유경렴(柳景濂)·조카 유광문(柳光雯)에게 줌
	녹미 2말(斗)	동지 김홍윤(金弘胤) 부인에게 줌

표 2 녹봉의 사용처

비에게 삭료를 지급하였다는 사실이다. 유희춘은 노에게는 쌀 5말씩을, 비에게는 쌀 3말씩을 지급하고 있었다.[15] 이들에게 지급한 것을 삭료朔料라고 하였는데, 이것이 매달 지급한 것인지, 아니면 녹봉을 받을 때만 지급한 것인지 명확하지 않다. 그러나 1년에 4회를 지급한다고 해도 지속적으로 지급하였다면 그 규모도 적지 않았을 것이다. 상경한 노비가 상당수에 이르렀기 때문이다. 1573년에는 포 3필로 중국산 조복朝服을 사들인 사실이 확인된다. 이는 아들의 관직 진출을 위한 것이었다. 그리고 쌀 70말로 5승목 14필을 구입한 기록이 확인되는데,[16] 이는 쌀의 변질을 우려하여 면포로 바꾼 것으로 보인다. 쌀보다는 목면의 변질 가능성이 적었기 때문이다. 또한 이때는 유희춘 일가가 모두 상경하여 생활하고 있어 집에서 사용한 것도 많았을 것으로 여겨진다.

유희춘은 관직 생활을 하는 동안 서울에 집을 갖고 있지 못하였다. 이는 서울 소재 집의 가격이 높은 데에 원인이 있을 것이다. 그는 관직 생활을 하는 동안 5-7명 정도의 노비를 데리고 남의 집을 빌려서 생활하였다. 그러한 상황이었기 때문에 녹봉을 받아도 이를 쌓아 둘 창고가 없었다. 그리하여 인근에 사는 동료 박개朴漑의 집에 맡겼다가 필요할 경우에 가져다 쓰고 있었다.[17] 유희춘이 자신이 받은 녹봉을 자신의 향리인 해남과 담양으로 가져가는 경우는 거의 없었다. 유희춘이 1570년(선조 3) 담양으로 내려가 서울에 있는 녹미 2섬과 콩 3섬을 보태어 논을 사들이기도 하나,[18] 이는 아주 예외적인 경우이다. 대부분의 경우는 식구들의 양식, 손님 접대, 제수 준비, 재경노비의 삭료, 서책과 비단의 구입이나 지인의 경조사 부조 등 주로 서울에서 사용하였다.

유희춘은 녹봉으로 경제생활을 영위한다는 생각이 없었다. 그리하여 중국으로부터 서책·약재·조복 등을 구입하고 부인을 위해 단자와 명주 등의 값비싼 옷감을 사들였다. 그리고 서울에 있는 친인척이나 지인에게 지급하였다. 귀향할 경우에는 남은 녹봉을 서울에 올라와 있는 친인척에게 넘겨주고 떠났다. 사실 이를 싣고 멀리 담양이나 해남으로 간다는 것은 생각하기 어려운 일이다. 녹봉이 양반 관료의 주된 생활 보장의 명목으로 지급되었지만, 실제 그것이 갖는 의미가 그렇게 크지는 않았다.

그렇다고 해서 유희춘이 녹봉을 가볍게 생각했던 것은 아니다. 유희춘은 녹봉의 수록에 상당한 관심을 보였다. 수록 후에는 감록 여부를 기록하고, 감록된 연유를 알아봤다.[19] 규정량을 받았을 때는 갑자기 부자가 된 것 같다든지, 전에 볼 수 없는 일이라고 기뻐하는가 하면,[20] 녹미가 광주·담양·창평의 쌀이라는 것을 알고 품질이 좋을 것이라고 흡족해하였다.[21]

주목되는 사실은 유희춘이 충의위 박명성朴命星의 녹을 대신 수록하여 유용했다는 사실이다.[22] 박명성은 담양에 연고가 있는 인물로 선대부터 유희춘 집안과는 친분이 두터웠다.[23] 사실 다른 사람의 녹봉을 받아서 사용하는 것은 불법적인 행위이다. 호조에서도 유희춘의 대록 사실을 알고 있었던 것 같다. 그리하여 서리가 직접 파견되고,[24] 광흥창에서 봉사와 부봉사가 나와 박명성 녹패의 반납을 요구하였지만,[25] 유희춘은 이를 듣지 않았다.[26]

요컨대 16세기 중엽 이후 관료의 처우 내지는 생활을 보장한다는 녹봉의 의미는 점차 퇴색되어 갔다. 그리하여 이러한 녹봉을 통해 양반으로서의 체모까지 유지하기는 어려웠다.

진상품 수취

유희춘은 국가의 진상품을 수취하기도 하였다. 진상품이란 지방관아에서 거둬서 왕실과 중앙 각 사에 바치는 각종 특산물을 말한다. 유희춘은 '봉여封餘'라는 명목으로 물품을 수취하고 있었는데, 이것이 진상품인 것이다. 봉여는 『경국대전』에서는 확인되지 않는 규정이다. 『미암일기』에서 진상봉여·봉여·진봉이라 하는데, 이는 '진상을 받든 나머지'라는 의미로 사용한 것이다. 그러나 이는 단순히 진상하고 남은 것이 아니라 진상품과 같이 준비되고 있었다. 즉 지방관아에서는 진상품과 봉여 물품을 함께 마련하였다. 다음의 상소문을 통해 이러한 사실을 확인할 수 있다.

> 진상進上하는 물건을 받들 때에 권문權門에 사사로이 보내는 뇌물과 자기 집에 보내는 물건을 진상하는 물건보다 10배나 더 보내므로 역졸들이 이를 감당하기 어려워 유리하여 흩어집니다.[27]

1554년(명종 9)년 안동의 생원 이포李苞는 봉여가 진상의 10배가 더 되어 이를 전달하는 역졸들이 고단함으로 흩어지게 되었다는 사실을 지적하였다. 그 해결책으로는 시종 중에 정직한 사람을 보내서 수효 이외에 함부로 보내는 봉여를 일일이 조사하게 하고, 어사를 중도에 파견하여 가벼운 죄는 장을 치고 죄가 중한 경우 죽이면 역로의 번잡함이 해결될 것이라고 하였다.

당시 봉여 수취는 보편화되었던 것으로 보인다. 그러면 『미암일기』를 통해 구체적인 양상을 보기로 하겠다.

【표 3】은 『미암일기』에서 유희춘이 수취한 봉여의 내역을

정리한 것이다. 유희춘은 먼저 중앙 각사 및 지방관으로부터 봉여를 받았다.[28] 유희춘이 받은 봉여는 분송처에 따라 구분할 수 있다. 중앙 각사에서 보낸 경우는 전체 38건 중에 18건이며, 나머지 20건은 지방관이 보낸 것이다. 여기서 중앙 각사라 하면 홍문관·예조·사복시·봉상시·동적전·서적전 등이다. 이 기관은 유희춘이 실직과 겸직을 역임하던 관서들이다.

　지금까지 진상제에 대한 연구가 상당히 진행되었으나 진상품의 사용 방식에 대해서는 밝혀진 바가 없다. 진상품의 일부가 소속 관원에게 지급되고 있었다. 1567년(선조 즉위) 11월 유희춘이 홍문관으로부터 먹 3정을 받았는데, 이는 경상감사가 진상한 것이다.[29] 당시 유희춘이 홍문관의 교리였으므로 이러한 물품을 받은 것이다. 1573년(선조 6) 3월에는 봉상시로부터 고사리를 받았는데,[30] 이는 유희춘이 봉상시 제주였기 때문이다. 나머지도 같은 이유에서 받게 되었던 것이다. 이상을 통해 왕실 및 중앙 각사에 받쳐진 진상품의 일부가 소속 관원에게 지급되었음을 알 수 있다.

　유희춘은 전라감사·충청감사 등을 비롯하여 부안현감·해주목사 등 지방 여러 군현으로부터 봉여를 받은 것으로 확인된다. 이들 지방관은 자신들이 마련한 진상품의 일부를 유희춘에게 보낸 것이다. 이는 유희춘도 마찬가지여서 전라감사로 재임

번호	시기	분송처	내역
1	1567. 10. 4.	김재(金宰)	게장 40개, 잡게 100개, 마른민어 3마리
2	1567. 11. 11.	홍문관	먹 3정: 경상감사가 홍문관에 40정을 보냄
3	1568. 4. 11.	부안현감 권대덕(權大德)	청어 10속
4	1568. 4. 28.	홍문관	부채 3자루: 전라병사가 홍문관에 보냄
5	1568. 5. 2.	홍문관	부채 9자루: 경상좌병사가 홍문관에 보냄
6	1568. 5. 12.	전라감사 송찬(宋贊)	쾌포(快脯) 1개, 오적어 1접, 인복(引鰒) 5줄, 조기굴비 2속, 말린숭어 1마리
7	1568. 9. 22.	별좌 유몽익(柳夢翼)	배 10개, 밤 2말
8	1568. 10. 10.	해주목사 손식경(孫軾敬)	벌꿀(沈蜜), 복숭아, 백항아리 1개
9	1569. 6. 6.	사복시 주부 김벽(金璧)	봉여
10	1569. 윤 6. 10.	전라감사 정종영(鄭宗榮): 남원부사에게 명함	김, 미역, 전복, 인복, 숭어
11	1569. 7. 1.	강원감사 최옹(崔顒)	날전복, 젓갈 1말, 말린 광어 3마리, 말린 생선 2마리
12	1570. 5. 1.	원주목사 서위(徐偉)	연어, 송어
13	1570. 5. 11.	합천군수 신일(辛馹)	날은어 50마리, 부채 8자루, 갓(上笠帽) 1사, 장지 15권
14	1570. 6. 6.	충청감사 박소립(朴素立): 임천현감에게 명함	말린 웅어(葦魚) 7속
15	1570. 6. 25.	함경감사 심수경(沈守慶)	말린 대구 5마리, 말린 문어 2마리
16	1570. 7. 6.	대구부사 이창(李昌)	메기장(黍米) 1말 5되
17	1570. 7. 11.	경상감사 박대립(朴大立): 안동부사에게 명함	은어 25마리
18	1570. 7. 26.	상주목사 김억령(金億齡)	광어 4마리
19	1570. 8. 8.	경상감사 박대립(朴大立): 상주목사에게 명함	은어 30마리
20	1570. 11. 4.	나주목사	날전복 8개
21	1571. 9. 2.	서적전(西籍田)	쌀수수(唐黍米), 찹쌀 1말, 율무쌀 1말
22	1571. 11. 23.	부안현감	날조개 100개
23	1571. 12. 1.	충청감사 윤현(尹鉉)	날꿩 2마리, 오리 1개
24	1571. 12. 2.	나주목사	날전복 80개
25	1572. 11. 26.	봉상시	귤(柑子) 8개, 금귤(金橘) 10개
26	1573. 3. 22.	봉상시	고사리 5단
27	1573. 4. 7.	예조	생강, 고사리, 마름(菱仁), 연밥(芡仁)

28	1573. 5. 1.	경상우수사 조구(趙逑)	백선(白扇) 5자루, 칠선(漆扇) 2자루, 별선(別扇) 8자루, 장지 10권, 백지 20권
29	1573. 5. 23.	동적전(東籍田)	보리 1말
30	1573. 6. 28.	동적전	메기장 1말, 조 1말
31	1573. 7. 9.	양주목사 정응규(鄭應奎)	개암
32	1573. 9. 23.	동적전	4종의 쌀 각 1말
33	1573. 11. 11.	예조	표통(表筒) 3, 노루가죽, 가위, 인두, 마기계(馬器械) 등
34	1573. 11. 28.	홍문관	먹 6정: 황해감사가 홍문관에 60정을 보냄
35	1574. 4. 4.	봉상시	송어 1마리
36	1574. 4. 15.	강릉부사 양사언(楊士彦)	날송어 1마리
37	1574. 7. 4.	봉상시	능금 1되
38	1574. 7. 29.	강릉부사 양사언	은어 100마리

표 3 유희춘이 받은 봉여

하던 동안 지인에게 봉여를 보내 주었다. 유희춘은 중앙 각사
와 고위의 현직 관료 및 및 그의 친인척에게 봉여를 보냈다. 즉
1571년(선조 4) 4월에 해남·남원·담양 태곡의 집에 진상 봉여를
보냈으며[31] 같은 달에 남원에서 마련한 4월망후삭선봉여를 자
신의 집과 첩의 집 및 참봉·오내금위·송정순宋庭筍·송군직宋君
直·김인후金麟厚의 집에 보냈다.[32] 5월에는 남원에서 마련한 5월
망후삭선봉여를 이은진·홍덕원洪德遠·평안감사의 집에 보냈으
며,[33] 다시 5월에는 6월망전삭선봉여를 임군빙任君聘·최경숙崔景
肅·윤경원尹景元·원병숙元炳叔에게 보냈다.[34] 또한 9월에는 약재
진봉을 정길원鄭吉元·안계홍安季泓·참판 이택李澤·김사빈金司賓·

교리 유도柳濤 등에게[35] 보냈다. 유희춘이 봉여를 보낸 곳은 자신의 동료 및 친인척 및 지인들이다. 전라감사였던 유희춘은 왕실 및 중앙 각사에 보낸 진상품 이외에 자신의 동료 및 친인척 및 지인에게 봉여라는 명목으로 물품을 보냈다. 지방관이 보낸 봉여는 사적인 성격이 강하다.

이상에서와 같이 16세기 양반 관료는 국가의 진상품을 수취하고 있었다. 양반 관료 사이에 진상품을 주고받는 행위가 정례화되었다. 이중에 지방관으로부터 직접 받는 봉여는 불법적인 성격이 있다.

3

관직자의 인적 수취

구종의 입역

　조선시대 양반 관료는 공노비를 지급받기도 하였다. 지금까지 공노비의 입역立役과 그들의 선상대립選上代立에 대한 연구가 이루어지기는 했으나[36] 대부분 제도사적인 것에 한정되어 있다. 그리하여 이들 노비의 구체적인 입역 실태에 대해서는 알려지지 않았다. 그러나 『미암일기』에서는 공노비의 입역 실태와 아울러 역役을 대신하여 납부하는 선상대립가選上代立價 수취의 실상을 파악할 수 있다. 이를 통해 공노비 운영의 실상을 파악할 수 있다. 그러나 여기서는 경제적인 측면에 한정하여 살펴보기로 하겠다.

조선시대 노비는 16세에서 60세까지 입역하였다. 이들은 관아에서 사역되는데, 특히 중앙에서 입역하는 노비는 근수根隨와 차비差備로 나뉘었다. 근수노는 관원의 출입 시에 시중을 들었으며, 차비노는 하인으로서 개인적인 일을 하였다. 국가에서 이들을 관료에게 지급한 것은 관료의 궁궐 출입에 편의를 제공하기 위한 것이다.[37]

이들의 임무는 궁궐 출입을 호위하는 것이다. 양반들이 자신들의 노를 교부로 삼아 궁궐을 출입하는 것은 불가능하였던 것으로 보인다. 1574년(선조 7) 5월 29일 유희춘은 조강朝講을 위해 대궐에 들어가는데, 구종丘從이 없자 수찬 윤현尹晛으로부터 구종을 빌리고 있다.[38] 같은 해 7월 11일에는 사은숙배謝恩肅拜를 위해 참판 박계현朴啓賢으로부터 구종을 빌렸다.[39]

유희춘도 관직 생활을 하는 동안 구종丘從을 배정받았는데, 『미암일기』에서는 이들을 구종·구丘·갈도구종喝導丘從·구사丘史 등으로 부르고, 가동이나 노라 하였다. 그 수효는 관직에 따라 또는 제주의 겸임 정도에 따라 달랐기 때문에 유희춘이 어느 정도의 구종을 받았는지는 알기 어렵다. 그러나 다음을 통해 그 대체적인 규모는 짐작해 볼 수 있다.

㉠ 내가 병방에 있을 때에 구사丘史 10명·차비差備 6명이

었는데, 차비 4명과 보병步兵 2명은 선상選上이다. 10월
까지 봉俸을 받는데, 보병 1명당 6필이다.[40]

ⓒ 예방승지는 본원선상本院選上이 3명이고 예빈禮賓·사
역원司譯院·봉상시奉常寺·사축서司畜署·귀후서歸厚署 등은
선상이 각각 1명이다. 전생서典牲署도 1명이다. 도영공
都令公을 배종할 때는 또 1명은 초차비草差備이고 또 2명
은 시차비柴差備이며, 그 나머지 8명은 구사가 되니 지
나치게 많다고 하겠다.[41]

ㄱ은 유희춘이 1569년(선조 2) 3월 20일부터 27일까지 종 4품
인 오위의 부호군으로 재직하였을 때 구종과 차비의 규모를 파
악하는 것이다. 이때 구사와 차비가 모두 16명인데, 이 중 차비
4명과 보병 2명에게서 선상가를 받는다고 하였다. ㄴ은 1570년
(선조 3) 9월 26일 유희춘이 우승지가 된 후 그에게 지급될 구종
과 선상 및 보병의 규모를 파악하는 내용이다. 이때 유희춘은
승지였는데, 당시 승지는 예빈원·사역원·봉상시·사축서·귀후
서·전생서의 제주를 겸하였다. 본원 선상이 3명이고, 제주의
겸임에 따른 선상이 6명, 도영공을 배종할 때 차비 3명, 그리고
나머지 구사가 8명인 것으로 나타난다. 위의 자료를 통해 유희
춘이 최소한 20여 명의 구사와 선상을 수취하였음을 알 수 있

다. 『경국대전』에는 2품에게 4명, 3품 당상에게 3명, 3품 당하에게 2명의 근수를 지급하도록 규정하였다.[42] 유희춘이 20명 전후의 인원을 지급받았다면, 이는 규정의 6배가 넘는 인원이다.[43]

그러면 여기서 이들 구종의 입역 실태를 살펴보도록 하겠다. 유희춘에게 입역하던 구종은 막동莫同·내은석內隱石·묵귀석墨貴石·옥석玉石·목산目山·마귀석亇貴石·금이산金伊山 등으로 나타난다.

> ㉠ 묵귀석墨貴石이 이달부터 나의 구종으로 충당되었다.[44]
> ㉡ 홍문관의 노비색서리奴婢色胥吏를 불러왔다. 술과 전복을 주고 묵귀석墨貴石과 옥석玉石을 대립代立하는 일에 대해 의논했다.[45]
> ㉢ 마귀석이 금년의 번番은 3월부터 8월까지로 이미 끝나 옛적의 옥석이 다시 나의 노로 돌아왔다.[46]
> ㉣ 중추부에서 구종 4명이 왔다.[47]

이들 구종은 양반 관료의 관직에 따라 지급되었고, 변동이 있으면 그때마다 충원된 것으로 보인다. 사실 공노비가 어떠한 방식으로 입역하였는지는 밝혀진 사실이 거의 없다. 그러나 위의 자료를 구종의 입역 실태를 짐작해 볼 수 있다. 즉 마귀석과 묵귀석, 그리고 옥석이 한 조가 되어 이들이 교대로 입역하였던 것이다. 이들의 입역 기간은 3월에서 8월(하절기), 9월에서 다음 해 2월(동절기)까지, 그리고 다시 하절기로, 3인이 1조가 되어 6개월씩 교대로 입역하였다. 이를 삼번육삭상체제三番六朔相遞制라고 한다. 즉 이들 구종의 입역 체제는 3인이 18개월 동안 입역하는 방식이었다. 한 명이 6개월을 입역하게 되면 다음 12개월은 비번으로 역에서 자유로울 수 있었다. 자료 ⓒ에서 유희춘이 묵귀석과 옥석의 순서를 바꿔 입역시킨 사실이 확인된다. 이를 통해 공노비들도 순서를 바꿔서 입역하는 것도 가능하였음을 알 수 있다.

이들의 역할은 관료의 행차를 호위하는 일이다. 고위 관료가 행차할 때 앞에서 소리를 지름으로써 통행에 편의를 제공하는 것이다. 그러나 구종이 반드시 여기에만 동원된 것은 아니다. 이들의 일부는 유희춘가의 가내 잡역에도 동원되었다. 이들 사환 내역은 유희춘의 노와 별 차이가 없었다. 유희춘은 구종을 시켜 녹봉을 받아 오도록 하고,[48] 지인의 장례 때 교군으로 보내기도 하였으며,[49] 친인척이 상경하여 한강에 도착하면 이들을 맞아 오도록 하였다.[50] 또한 마초馬草를 구하거나 벌초를 하기도 하고,[51] 편지 전달을 하거나,[52] 물건 운반에 동원하기도[53]

하였다. 특히 마귀석과 옥석은 담양과 해남의 가내 사환에 동원되기도[54] 하였다.

주목되는 사실은 유희춘이 1573년(선조 6) 1월 20일 종이 6권을 묵귀석의 신공으로, 1574년(선조 7) 3월 11일 백지 6권을 마귀석의 신공으로 홍문관에 바치고 있다는 사실이다.[55] 공노비의 신공을 양반 관료가 바치고 있다는 사실이 주목된다. 이는 마귀석이 몇 년 동안 유희춘가에서 사환되던 사실과 관련이 있을 것이다. 유희춘이 입번 기간이 끝난 구종을 지속적으로 입역 시키면서 그들의 신공을 해당 관청에 대신 납부하고 있었던 것이다.

선상·보병가 수취

유희춘은 자신에게 배당된 인원의 일부만을 직접 사환시키고 있었다. 그 나머지 인원의 경우는 입역시키지 않고 대신 대립선상가代立選上價를 관료가 직접 거둬들이게 하였다. 이를 방역수포放役收布라고 하는데, 역을 면제시켜 주고 그에 대한 대가로 포를 거둬들인다는 의미이다. 중앙 각사에서 잡색역雜色役을 담당하거나 구종으로 입역하는 공노비는 일찍이 그 역고로 말미암아 가능한 한 직접 입역하는 것을 피하고 대신 사람을 고용하는 고인대역雇人代役을 하였다. 고인대역이란 대신 사람을 사서 역을 지게 하는 것이다. 국가에서는 기본적으로 고인대역을 금지하였으나 이는 잘 지켜지지 않았다. 그리하여 대립을 원할 경우 대신 포布를 납부하게 하였다. 이를 관수분급제官收分給制라고 하는데, 이는 노가 거주하는 군현에 포를 납부하여 이를 중앙의 관사로 보내면 거기에서 대립하는 자에게 지급하는 방식이었다.[56] 그러나 유희춘이 관직 생활을 하던 선조 초에는 이러한 관수관급제마저 중단되고 대신 해당 양반 관료가 선상가를 직접 거둬들이고 있었다. 이들은 상당한 규모의 보병가步兵價도 수취하고 있었다. 여기서 보병가는 일반 양인이 선상을 대신하기 위해 납부한 선상가로 보인다.

유희춘은 녹봉 이상으로 선상가의 수취에도 관심을 갖고 있었다. 그리하여 관직이 바뀌거나 새로운 제조직에 임명되면 선상 인원을 파악하고, 선상가를 수취한 이후에는 그 부족 여부를 살피고 있다.

㉠ 봉상시 부봉사 홍익세洪翼世가 예조에 올릴 첩정을 베껴 왔는데 선상 73명을 두제조에게 각 2명을, 정正에게 3명을 주고 첩정僉正 이하는 각 1명씩 준다. 원두노圜頭奴 등은 전에 비하여 감해서 지급되었다고 한다. 이는

본시 부득이해서 그리한 것이다.[57]

ⓛ 교서관 박사 장문한張文翰이 관청의 고사단자故事單字
를 가지고 와서 보여 주었다. 듣자 하니 관청에는 원래
선상이 17명이었는데 작년에 5명이 줄어 지금은 12명
이라고 한다. 따라서 박사 이하는 선상이 없고, 교리 이
상 제주까지는 각각 1명이라고 한다.[58]

ⓗ은 유희춘이 1572년(선조 5) 10월 29일 봉상시 제주를 겸하
게 된 후 어느 정도의 선상노를 받게 되는지를 알아보는 자료이
다. ⓛ는 1573년 1월 2일 교서관의 제주를 겸하게 된 후 자신에
게 배당된 선상 인원이 몇 명인지를 파악하는 기록이다. 조선시
대 관직 체계에서 실직에 따라 녹봉이 지급되지만, 제주는 별도
의 급료 없이 공노비인 구종과 선상가만을 지급하였으니 자연
히 관심을 가질 수밖에 없었다.

유희춘은 중앙 각사에 속한 정병正兵으로부터 면포를 거둬들
이고 있었는데, 이를 보병가步兵價라 한다. 사실 중앙 각사의 관
원이 어떠한 이유에서 정병가를 거둬들였는지에 대해서는 거
의 밝혀진 바가 없다. 그러한 의미에서 『미암일기』에 등재된 보
병가 수취 문제는 중요한 의미를 갖는다. 그러므로 이에 대해서
는 앞으로 좀 더 면밀히 살펴볼 필요가 있다. 이들 정병은 기본

적으로 성종 초년에 처음으로 설치되어 병조관원·도총부총관·오위부장·선전관 등에게 지급된 것으로 알려져 있다.[59] 그러나 【표 4】를 통해 볼 때 유희춘은 위 기관 이외에서도 지급받은 것으로 보인다. 이들 기관의 정병은 직접 사역되기보다는 보병가를 납부하는 것으로 그들의 역을 대신하였다. 그리하여 양반 관료들은 이들로부터 보병가를 수취하고 있었다. 그러면 유희춘이 어느 정도의 선상·보병가를 수취하고 있었는지 살펴보도록 하겠다. 다음의 【표 4】에서 살필 수 있는 바와 같이 선상은 하등선상·추등선상 등으로 보내져 왔는데, 이는 선상가를 녹봉과 마찬가지로 춘·하·추·동으로 1년에 4회 수취한다는 의미일 것이다. 유희춘이 어느 정도의 선상 노비를 보유하였는지는 확인하기 어렵다. 그러나 1인당 선상가가 6필이며,[60] 연간 4회에 걸쳐 수취하였다면 유희춘이 1인당 연간 수취할 수 있는 선상가가 24필이 된다.

다음 보병가에 대해 살펴보도록 하겠다. 이 보병가는 양삭보병가兩朔步兵價, 7·8삭 보병가, 중동계동仲冬季冬 보병가 등으로 수취하고 있다. 이로 보아 보병가는 2개월을 단위로 하여 수취하는 것으로 보인다. 1인의 보병가가 면포 6필이므로, 유희춘은 1인당 최소 12필의 보병가를 수취한 것이다. 그러나 양반 관료의 보병가 수취 문제는 불분명한 부분이 많아서 여전히 연구

번호	지급 시기	내역	보내온 곳	관직
1	1568. 8. 2.		관	홍문관 응교
2	1569. 7. 12.	선상 26필(4선상)	?	홍문관 대사성
3	1569. 7. 28.	추등선상 6필반	승문원	승문원 부제주
4	1570. 5. 9.	하등선상 24필	관	?
5	1570. 5. 11.	선상 6필	승문원	승문원 부제주
6	1570. 8. 1.	선상 4명(24필)	?	?
7	1570. 8. 8.	의비(衣婢)선상 5필	?	?
8	1570. 8. 27.	추등선상 6필	승문원	승문원 부제주
9	1572. 10. 12.	추등선상 2필반	?	?
10	1572. 11. 2.	추등선상 13필	봉상시	봉상시 제주
11	1572. 12. 6.	각등선상	봉상시	봉상시 제주
12	1573. 1. 12.	보병가 7승목 6필	?	봉상시 제주
13	1573. 3. 12.	춘등선상 12필	봉상시	봉상시 제주
14	1573. 3. 12.	3·4월 보병가 6필	교서관	교서관 제주
15	1573. 3. 19.	보병가 22필	부사	부총관
16	1573. 4. 17.	선상 12필	교서관	교서관 제주
17	1573. 5. 23.	2삭 보병가 6필	교서관	교서관 제주
18	1573. 6. 18.	하등선상 3명가(18필)	예조	예조판관
19	1573. 6. 21.	하등선상 2명가(12필)	교서관	교서관 제주
20	1573. 9. 7.	보병가 2삭(30필)	도총부	부총관(예조참판)
21	1573. 9. 11.	9·10월 보병가 6필	교서관	교서관 제주
22	1573. 11. 10.	보병가 30필	도총부	예조참판
23	1573. 11. 15.	중동계동(仲冬季冬) 보병가 6필	교서관	교서관 제주
24	1573. 11. 19.	선상 12필	봉상시	봉상시 제주
25	1573. 11. 27.	선상 18필	예조	예조참판
26	1574. 1. 10.	2삭 보병가(30필)	도총부	?
27	1574. 7. 7.	7·8삭 보병가(30필)	도총부	부총관

표 4 유희춘이 수취한 선상·보병가

가 필요한 과제라고 하겠다.

그러면 공노비와 정병이 역을 면제받는 대가로 연간 어느 정도의 면포를 부담하였을까? 이들은 3인 1조로 6개월씩 입역하므로 이들이 한 번에 납부하여야 할 선상가는 8필이고 보병가는 12필이다. 1571년(선조 4) 사섬시에 속한 공노비의 신공이 1년에 1필이었음을 보면,[61] 이들의 선상가와 보병가는 매우 과중한 것이다. 이들의 선상·보병가가 과중함에도 이러한 방식을 택할 수밖에 없었던 것은 이들의 역이 고역이었기 때문이다. 중앙관서에 귀속된 공노비는 과도한 선상가를 내면서 피역의 방도를 찾아 나섰던 것이다.

유희춘이 1568년(선조 1) 별다른 겸직없이 홍문관 응교 등의 관직에 있을 때는 3명의 선상대립가 18필을 받았다. 이를 4회에 걸쳐 받았다면 연간 72필의 선상대립가를 받은 셈이다. 72필의 포를 미로 환산하면 26섬에 해당되는 규모이다. 그러므로 이는 녹봉의 절반가량이다.

1573년의 경우 유희춘은 예조참판·부총관·대사헌 등의 실직을 가지고 교서관과 봉상시 제주를 겸하게 되었다. 이 당시 유희춘은 상당한 규모의 선상가를 수취하였다. 【표 4】에 나타난 것만 합하여도 186필에 이른다. 당시 유희춘이 겸임하던 도총부 보병가(30필을 6회)·봉상시 선상가(12필을 4회)·교서관 선상가(12필을 4회)·교서관 보병가(6필을 6회)를 지급받았다면 무려 312필에 이른다. 이는 백미 104섬에 달해 유희춘의 당시 녹봉보다 훨씬 많은 규모였다. 이로 보아 16세기 양반 관료는 실직 이외에 겸직을 통해서도 상당한 수익을 올리고 있었음을 알 수 있다. 그러므로 녹봉만을 양반 관료의 수입으로 파악해서는 안 될 것이다.

반인의 역할

반인伴人은 반당伴倘의 이명으로 경아전에 소속되어 왕자·공신 및 당상관 등에게 지급되는 일반 양인을 의미한다. 이들은 왕자나 공신·당상관에게 소속되어 일정한 역을 담당하고 있었다. 이들 반인에 대한 연구는 그리 많지 않다. 반당을 고려 말 사병의 유제遺制로 개인의 호위병으로 지급되었으나 과전제가 붕괴되고 농장제가 발달하게 되면서 농장 관리인으로 변모되어 갔다고 한다.[62] 그러나 『미암일기』에서는 이와는 다른 모습을 보이고 있다. 그러면 구체적으로 반인의 모습을 살펴보기로 하겠다.

유희춘도 당상관이 되면서부터 품반당品伴倘을 지급받게 되었다. 『경국대전』의 규정에 의하면[63] 정3품 당상관에 이르러 3명의 반인을 지급받고, 2품으로 승진되면서 6명을 받았을 것이라 짐작된다. 유희춘은 대체로 3-8명 정도의 반인을 사역시킨 것으로 확인된다. 그러면 반인을 지급받아 어떻게 사역시켰는지 살펴보도록 하겠다.

> 담양노 필동必同·대공大工·옥석玉石·망종亡種과 백파댁노白波宅奴 귀동貴同, 반인 최윤회崔崙會·주파로朱波擄·응이應伊가 말 6필을 가지고 왔다. 1필은 최윤회가, 1필은 말이末伊가 보낸 것이다.[64]

이는 1570년(선조 3) 9월 유희춘이 상호군을 제수받고 가토加土를 위해 귀향하는 과정이다. 이때 반인 최윤회崔崙會·주파로朱波擄·응이應伊가 말을 가져와서 짐을 싸는 일을 도왔다. 이 외에도 최인보崔仁甫·김광윤金光胤·덕손德孫·진세관陳世寬·박근수朴根壽 등이 반인이었던 것으로 확인된다. 그러면 이들의 구체적인 입역 실태를 살펴보도록 하겠다.

> ㉠ 병영의 나의 반인 백정 왕손王孫이 와서 명을 받들었다.[65]

ⓛ 나의 품반당品伴倘을 한 명 충원하였으나 두 명이 비어 있어 남원판관에게 편지로 채워 줄 것을 간청하니, 형세를 살펴 힘써 보겠다고 한다. [66]

ⓒ 조경복趙慶福이 말하길, "그 이웃에 사는 양인 박근수朴根壽가 반당을 충분히 감당할 것입니다"라고 하였다. [67]

ⓔ 산음현감이 병으로 인하여 물러났다. 기관 진세관陳世寬이 나의 반인이 되었다. 진세관이 참깨 1말과 곶감 2접을 보내왔다. [68]

먼저 반인의 차정 과정을 살펴보도록 하겠다. 우선 반인으로 결정이 되면 관직자가 그들의 거주지 수령에게 진성陳省을 보내 줄 것을 요청하게 된다. 진성이란 반당의 자격을 확인할 문서이다. 진성이 도착하면 이를 병조에 알리게 되고, 병조에서는 이를 확인한 뒤에 첩문帖文을 발급하게 된다. 반인은 이 첩문을 통해 반안伴案에 등록한 뒤 매년 춘추로 점고를 받는다. [69]

이들의 직역은 백정·율생·기관·양인 등으로 나타나며, 그들의 거주지는 산음·해남·담양·영암·남원 등지로 경상도와 전라도에 집중되어 있다. [70] 그러면 이들 반인의 구체적인 입역 실태를 살펴보도록 하겠다.

㉠ 윤관중尹寬中이 와서 말하기를, 영암 옥천리 수군 김주관金朱觀의 아들 신율생 김광윤金光胤이 나의 반인이 되기를 원하기에, 그의 비婢를(나이 47세) 시켜 첩가妾家에서 대역代役하게 하였다고 한다.[71]

㉡ 영靈의 백정 덕손德孫이 병사兵使가 정해 준 첩자帖字를 가지고 와서 보여 주었다. 이는 덕손과 그 형 왕손王孫을 바꾸기 위한 것이다. 즉시 답장의 편지를 쓰고 신공을 정하여 파다리波多里의 첩가로 바치게 했다.[72]

㉢ 홍양의 최인보崔仁甫가 금년의 신공을 가져왔다. 즉, 전복 1첩·문어 2단·대하 15단·민어 2마리·큰 김 1첩·유자 50개이다.[73]

㉣ 산음반인 진세관이 그 아들을 보내 쓰지 못할 목화 49근斤을 가져와서 60근이라 하였다. 내가 물리고 1년 신공으로 5승목 12필을 준비해 바치도록 하였다.[74]

㉤ 산음에 사는 진세관이 반인의 신공으로 쓰지 못할 목화 49근을 보내와 부인이 화를 내 물렸다. 가져온 남자가 그 목화를 대신해 5승목 8필을 다시 준비하여 바쳤으니 아직 받지 못한 것이 4필이다.[75]

그러나 이들 반인은 직접 입역하지 않고 신공을 바치거나 자신의 노비로 하여금 대역하게 함으로써 역에서 빠져나갔다. 기존의 연구에서 반당의 역할 중의 하나가 호위병이라고 하였으나,[76] 실제는 그렇지 않은 것으로 나타난다. 궁궐 출입 시 호위의 역할은 구종이 담당하고 있어 이들을 입역시킬 필요는 없었다. 그리하여 이들은 대역을 하든지 아니면 신공을 바침으로써 역을 대신하였다. 즉 ㉠과 같이 자신의 비를 대신 입역시키기도 하고, ㉡과 같이 일정액의 신공을 바침으로써 역을 대신하였던 것이다. 자료 ㉡은 백정 덕손이 형 백정 왕손을 대신하여 유희춘의 반인이 된 이후[77] 유희춘과 함께 신공의 규모를 정하고 있는 모습이다. 유희춘은 반인을 통해 첩가의 경제 운영을 지원하였다. 김광윤의 비를 첩가에 보내 대역하게 하고 덕손의 신공도 첩의 집에 바치게 하였다.

자료 ㉢·㉣·㉤은 구체적으로 반인의 신공과 관련된 내용이다. 반인의 신공이 정액화되어 있지는 않았다. 반인으로부터 신공을 수취하는 것이 불법이기에 그런 것이다. 그러므로 합의에 따라 신공의 규모를 정할 수 있었다. 그러나 이들 반인이 납부해야 할 신공의 규모가 상당하였다. ㉣·㉤은 산음 지역의 반인 진세관의 신공 납부기록이다. 원래 그가 납부해야 하는 1년치 신공은 목화 60근이었다. 이는 5승목 12필에 해당하는 규모였다. 진세관이 좋지 않은 목화 49근을 바치면서 60근이라 하자 대신 5승목 12필을 바치게 하였다. 1571년(선조 4) 사섬시에 속한 공노비의 신공이 1년에 1필이었음을 보면[78] 이들의 신공은 매우 과중한 것이다. 이들의 신공이 이같이 과중함에도 불구하고 직접 입역하기보다는 신공을 납부하여 역을 대신하였다.

이들이 대규모의 신공을 바칠 수 있었던 것은 어느 정도의 경제력을 지니고 있었기 때문이다.[79] 실제 율생 김광윤은 자신

그림 5 유희춘의 첩, 구질덕의 산소
담양군 대덕면 선영에 위치

의 비를 시켜 대역하게 하는가 하면, 최윤회는 유희춘이 향리로 내려갈 때 말 1필을 내주고 있다.

　이러한 반인의 입역을 국가가 강제하지 않았다. 이러한 이유로 가반인仮伴人은 공공연하게 피역의 수단으로 활용되고 있었다. 특히 이러한 가반인은 양반가 서얼의 피역 방도로 활용되었다.

　㉠ 임제林濟가 와서 나의 가반인이 되기를 청하였다. 내가 마땅히 해남에 전문을 넣어 진성陳省이 올라오면 이 지역에서 감히 정군定軍하지 않을 것이라고 하였다. 제가 (내가) 사적으로 병조에 첩문貼文을 내어 줄 것을 청해 달라고 하였다. 나는 이것이 법을 어기는 것이라 따르지 않았다.[80]

　㉡ 윤번중尹蕃中이 그 아버지 대용[大用, 윤행(尹行)]의 편지를 가지고 왔다. 면중勉中이 원례[元禮, 윤복(尹復)]의 반인으로 있다가 발각되어 정군定軍되었고, 또 그 형 명중明中은 천문학의 생도로서 정丁을 거느리게 되었으니 경차관에게 점이粘移하라고 병조에 편지를 넣어 달라는 것이다. 내가 즉시 병조참판 강공姜公에게 편지를 넣었다.[81]

자료 ㉠에서 임제는 유희춘에게 가반인이 될 수 있게 해 달라고 청하고 있다. 여기서 가반인이란 규정 이상의 반인을 일컫는 것이다. 임제는 유희춘이 해남에 진성이 올라올 수 있도록 전갈을 넣어 병조에서 첩문을 내주면 군역에 차정되지 않을 수 있을 것이라고 하면서 사적으로 병조에서 첩문을 내줄 수 있게 해달라고 부탁하였다. 그러나 유희춘은 이는 위법이라고 따르지 않는다고 하였다. 그러나 유희춘은 4일 뒤에 해남현감에게 편지를 넣어 임제를 반인으로 차정하려고 하니 진성을 올리라고 하였다.[82] 처음에는 거절하였으나 결국 임제의 부탁을 들어주었던 것이다.

자료 ㉡은 1573년 군적경차관이 전라도에 파견되어 군적 개수를 하는 과정에서 일어난 일이다. 군적 개수는 1553년(명종 8)에 실시된 이후에 처음으로 실시하는 것이니 20여 년만의 일이다. 여기서 윤행尹行은 해남의 벌족 해남 윤씨로 유희춘과는 사돈이 되는 인물이다. 윤면중尹勉中과 윤명중尹明中은 형제간으로 모두 윤행의 얼자들이다. 그동안 윤면중은 숙부인 윤복의 반인으로 피역하다가 군역에 차정되었으니 경차관이 관련 문서를 보내도록 병조에 편지를 넣어 구제해 달라는 것이다. 이에 유희춘은 병조판서에게 즉시 편지를 보냈다.

이상에서와 같이 반인은 피역의 방도로 적극 활용되었다.

반인이 되길 원하는 자들은 자신의 인적 연망을 적극적으로 동원하였다. 이들은 상대적으로 유족한 양인들로 직접 입역하기보다는 신공을 바치거나 다른 사람을 통해 대역하게 하였다.

4

관직자의
사적 수입, 선물

선물 수취 규모

일반적으로 16세기 장시 발달의 결과 필요한 물자는 장시를 통해 조달할 것으로 생각한다. 그러나 양반들의 일기를 통해서는 의외의 결과를 접하게 된다. 대개 양반 관료들은 자신의 인적인 연망을 통하여 필요한 물품을 조달하는데, 그 중심에 지방관이 위치하고 있다. 이러한 선물 수수 행위는 단순한 선물의 의미를 넘어 하나의 경제 형태로[83] 파악된다.

유희춘은 생활에 필요한 물자를 지방관이나 친인척 및 동료 등을 동원하여 조달하고 있다. 다음의 【표 5】는 『미암일기』에서 유희춘이 받은 선물 횟수를 정리한 것이다.

시기＼월	1	2	3	4	5	6	7	8	9	10	11	12	윤6	계 (평균)
1567										70	55	56		181 (60)
1568	52	43	33	48	45	45	42	49	31	52	①			441 (44)
1569				⑭	51	59	32	29	32	41	40		35	333 (40)
1570				⑦	52	44	30	36	40	25	35	45		314 (38)
1571	44	32	3	0	1	1	2	6	3	7	76	⑤		180 (51)
1572									23	48	33	55		159 (40)
1573	77	38	28	37	42	37	27	44	42	25	31	55		483 (40)
1574	69	32	31	25	41	36	36	30	36					336 (37)
1575										⑨	50	55		114 (53)
1576	37	68	48	54	36	30	41							314 (45)
계	279 (56)	213 (43)	143 (35)	171 (41)	231 (43)	244 (41)	237 (39)	197 (38)	204 (34)	268 (42)	322 (46)	311 (51)	35 (35)	2,855 2,796(42)

표 5 유희춘이 받은 선물 횟수

※ ○안의 숫자는 자료가 완전치 못함을 뜻한다.

유희춘이 재출사한 이후 10여 년 동안 받은 선물 횟수는 2,855회에 이른다. 자료가 완전치 못한 달과 전라감사 기간을 제외하면 66개월간 2,796회를 받은 셈이다. 그러므로 매월 42회 정도씩 받은 것이 된다. 1회의 선물은 한 사람이 한 번에 보내온 물품의 규모를 의미한다.

【표 5】를 통해 볼 때 선물의 횟수에는 편차가 심한 것으로 보인다. 선물이 전혀 없는 달이 있는가 하면 한 달에 77회를 받은 달도 있다. 이는 유희춘이 어떠한 상황에 있는가 하는 문제와 연관되어 있다. 즉, 유희춘의 정치적 영향력의 정도와 선물 증여자와의 관계 등이 변수로 작용한 것으로 보인다. 또한 유희춘의 어디에 위치하며 가내에 어떠한 대소사가 있는가 하는 문제와도 관련이 된다.

1571년 3월부터 10월까지는 받기보다는 주는 횟수가 훨씬 많다. 이는 유희춘이 전라감사라는 사실이 반영된 결과이다. 이로써 중앙 관직에 있을 때는 물품을 받는 입장이었다가 지방관을 역임할 때 물품을 주는 입장이 된다는 사실을 알 수 있다. 이는 물품증여자의 반 이상이 지방관이라는 사실을 통해서도 확인되고 있다.

관직자의 경우 상경하여 관직 생활을 하던 시기보다는 귀향 중이나 향리에 내려갔을 때 선물이 증대하는 경향을 보인다.[84] 유희춘의 경우는 가토加土나 소분掃墳을 위해 서울과 지방을 왕래할 때 선물이 집중되고 있다. 왕래하는 과정에 있어서 지방관들은 유희춘 일행을 정성껏 맞이하고 음식을 접대하며 필요한 물품을 제공하는 등 여러 가지 편의를 제공하였다.

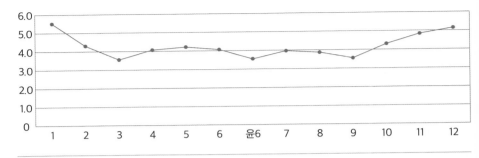

유희춘이 받은 월평균 선물 횟수

　　유희춘이 수취한 선물은 연중 고른 분포를 보이고 있다. 시기적으로 하절기보다는 동절기에 다소 증대된 모습을 보인다. 여기에는 여러 가지 요인이 작용하였다. 1월에는 세찬의 의미가 있으며, 12월에는 유희춘 내외의 생일이 있었다. 또한 유희춘이 귀향하던 시기가 주로 동절기라는 사실도 관련이 있다. 일반적으로 가토나 소분을 위한 귀향은 10월이나 11월에 시작되어 다음 해 1월이나 2월에 돌아오는 것으로 확인된다. 구체적으로 유희춘은 11년의 관직 생활 중 소분 1회(1567. 11.-1568. 1.), 가토 2회(1569. 10.-1570. 1., 1570. 11.-1571. 2.), 급유 2회(1575. 가을(?).-1576. 7., 1576. 10.-1577. 5.)로 귀향하였다. 이때는 중앙에서 관직 생활을 하던 시기에 비하여 상대적으로 지방관과 접촉할 기회가 많았다.

　　주목되는 사실은 지방관으로 외직에 있던 시기이다. 이때에는 선물을 받기보다는 주는 입장이 되고 있다. 다음의 【도표 2】는 1571년(선조 4) 유희춘이 수수한 선물의 규모를 비교한 것이다.

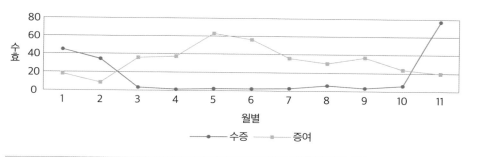

도표 2 1571년의 선물 수수 실태

유희춘은 1571년 2월 4일부터 10월 14일까지 전라감사를 지냈다. 이전에 무장현감을 지내기도 하였으나 해배 이후에는 유일하게 외직으로 있던 시기이다. 2월 4일에 전라감사에 임명되나 실질적인 업무는 3월부터 시작되었다. 그리고 같은 해 10월 14일에 대사헌으로 승차되어 중앙으로 복귀하므로 전라감사에 재임한 기간은 8개월 정도이다.

이 시기 선물의 곡선이 서로 교차되어 이전의 실태와는 대조적인 모습을 보인다. 전라감사가 되기 이전인 1월과 2월의 선물 수증은 44회와 32회로 평균적인 수준이었으나 3월부터는

급격히 하락하여 월평균 3회를 넘지 못한다. 그러나 전라감사가 끝난 11월에는 76회로 다시 급상승하였다. 반면에 선물 증여는 정반대의 모습을 보인다. 1571년 1월과 2월에 17회와 8회를 유지하던 증여는 3월부터 급증하여 월평균 38회를 유지하다가 11월부터는 다시 감소하고 있다. 이를 통해 지방관으로 재임하는 동안에는 선물을 받기보다는 주는 입장이 된다는 사실을 알 수 있다. 이는 선물을 보내오는 인물의 절반 이상이 지방관이라는 사실을 통해서도 확인된다. 결국 지방관은 지방재정을 동원하여 중앙 관직자의 경제운용을 도왔던 것이다.

선물은 곡물류를 비롯하여 면포·의류, 용구류, 문방구류, 치계류, 포육류, 어패류, 찬물류, 과채류, 견과·약재류, 시초류 등 일상용품에서 사치품까지 망라되어 있다. 물품의 종류가 다양할 뿐만 아니라 그 양도 상당하여 이것만으로 생활하기에 어려움이 없을 정도였다. 나아가 이는 재산 증식과 연결되기도 하였다.

1567년 10월부터 다음 해 9월까지 그가 비교적 중하위직에 있었던 시기와 그가 고위직에 올라 있었던 1573년의 쌀과 면포의 선물 규모를 비교해 보면, 앞 시기에 쌀 186섬 5말 2되와 면포 49필 40척을 그리고 뒤의 시기에는 쌀 49섬 6말과 면포 29필을 거둬들인 것으로 확인된다. 1568년(선조 1) 유희춘은 백미 51섬 정도의 녹봉을 수록하였으며, 같은 시기 공노비로부터 수취한 선상가選上價가 26섬, 논에서의 경작소출이 83섬이다. 1573년의 경우는 81섬 정도를 수록하였다. 이 시기에는 선물이 녹봉이나 경작 소출보다 경제적 가치가 높다.

쌀과 면포만으로 볼 때에는 오히려 고위직보다는 중하위직일 때의 규모가 큰 것으로 나타나는데, 이는 유희춘이 처해진 입장의 차이 때문이다. 고위직에 있을 때는 서울에서 비교적 안정적으로 생활하던 시기였으므로 쌀과 면포보다는 다른 물품의 선물이 증가하였다. 쌀과 면포는 중하위직을 역임하던 1567년 (선조 즉위) 10월부터 다음 해 1월 사이에 집중되었다. 쌀은 81%(150섬)를, 면포는 91%(45필 40척)를 이때에 수취하였다. 유희춘이 20여 년간의 유배 생활로 퇴락한 토지와 선영을 재정비할 필요가 있었다.

선물을 보낸 사람들

누가 이러한 물품들을 보내 주었을까. 이를 알아보기 위해 유희춘에게 물품을 증여한 인물들이 누구인지 살펴볼 필요가 있다. 우선은 이들을 지방관과 비지방관으로 구분해 보았다. 여기서 지방관이란 감사를 비롯하여 병사·첨사·수령·만호·훈도 등을 말하고 비지방관은 이들을 제외한 나머지 인물들을 이른다. 561명 중 285명(51%)이, 468명 중 260명(56%)이 지방관으로 나타났다. 평균 55%에 이른 것이다. 또한 지방관과 비지방관은 보낸 물품에 있어 많은 차이를 보인다. 비지방관의 선물이 단순한 예물 형식이라면 지방관의 것은 종류도 다양하고 규모도 크다. 그러므로 이를 단순하게 비교하기는 어려우며, 경제적 가치로 환산하자면 지방관의 비중이 훨씬 커질 수밖에 없다. 지방관의 교체와 양반가의 경제생활은 직결되고 있었다.

인근의 지방관은 유희춘가의 대소사와 가내 사정을 훤히 파악하고 있어야 했다. 그래야만 제때에 적절하게 물품을 보내 줄 수 있기 때문이다. 유희춘은 이러한 선물을 거절하거나 사양하지 않고 대체로 흔쾌히 받았다. 기대 이상으로 보내오면 매우 흡족해하였다. 오히려 상대가 자신의 요구에 응하지 않거나 보내온 물품이 생각보다 적을 경우 섭섭함을 감추지 못했다. 이 선물은 유희춘뿐만 아니라 강진·남원의 누이, 순천의 동생, 해남의 첩실 및 그의 자녀들에게까지 보냈다. 그러므로 일족이 선물로 먹고살았다고 해도 과언이 아니다. 그뿐만 아니라 그가 다른 사람에게 물품을 주어야 할 경우에는 인근 지방관에게 청하여 대신 보내도록 했다. 마치 관아의 물건을 자신의 물건처럼 사용하고 있었다.

그러면 이러한 선물은 어떠한 특성을 지니는 것일까. 선물 수수자의 인적인 관계가 확인되면 선물이 갖는 성격이 어느 정도 해명될 수 있으리라 본다. 그러나 일기 자료의 특성상 이를 확인하는 작업이 그리 간단한 것은 아니다. 재원의 출원 방식은 선물의 성격을 규정하는 중요한 기준이 될 수 있다. 따라서 여기서는 선물 증여자가 지방관인지 아닌지를 기준으로 하여 선물을 분류하기로 한다. 지방관의 선물은 지방재정으로 출연하며 비지방관의 그것은 개인적으로 수수되는 것이기 때문이다. 지방관의 선물은 물자 획득의 의미가 강하지만 지속성은 약하며, 비지방관의 선물은 물자 획득의 의미는 약하지만 지속성이 강하다는 특성을 갖는다.

유희춘이 재출사 하여 중하위직을 지내던 선조 초(1567~1568)와 고위직을 역임하던 1573년(선조 6)을 대상으로 증여자를 지방관과 비지방관으로 구분해 보았다. 지방관은 관찰사를 비롯하여 병사·수사·수령·만호·능참봉·훈도 등이며, 비지방관은 이들 지방관을 제외한 나머지 인물들로 동료·문인·친인척들이 포함된다.

【표 6】에서와 같이 1기는 561명 중 285명(51%)이, 그리고 2기는 468명 중에 260명(56%)이 지방관인 것으로 확인된다. 특히 1567년 10월과 12월은 지방관이 75%를 차지한다. 이는 유희춘

이 처한 상황과 관련이 있다. 이 당시 유희춘은 정치적으로 신원되어 성균관 직강으로 재출사하게 되었다. 은진에서 서울로, 서울에서 담양·해남·순천을 왕래하면서 지방관과 접촉할 기회가 많았다.

그러면 이들 지방관은 어떠한 지역적 분포를 보이게 될까. 지방관의 지역적 분포는 해당 양반의 지연적 연고와 밀접한 관련을 지닐 것이라 여겨지기 때문이다. 이를 확인하기 위하여

1기 1567-1568	지방관 (%)	비지방관 (%)	총인원	2기 1573	지방관 (%)	비지방관 (%)	총인원
10	51(75)	17(25)	68	1	58(75)	19(25)	77
11	18(33)	37(67)	55	2	13(35)	24(65)	37
12	43(75)	14(25)	57	3	15(58)	11(42)	26
1	38(75)	13(25)	51	4	20(57)	15(43)	35
2	22(49)	23(51)	45	5	28(66)	14(34)	42
3	15(44)	19(56)	34	6	20(55)	16(45)	36
4	22(46)	26(54)	48	7	17(65)	9(35)	26
5	17(37)	29(63)	46	8	24(59)	17(41)	41
6	14(33)	29(67)	43	9	19(46)	22(54)	41
7	16(38)	26(62)	42	10	9(47)	10(53)	19
8	19(45)	23(55)	42	11	16(52)	15(48)	31
9	10(33)	20(67)	30	12	21(37)	36(63)	57
계	285(51)	276(49)	561	계	260(56)	208(44)	468

표 6 선물 증여자의 성분

【표 6】에 나타난 지방관을 8도로 나누어 살펴보기로 하였다.

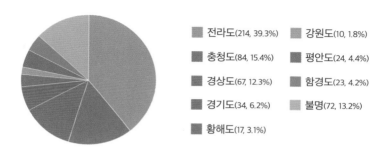

전라도(214, 39.3%)　　강원도(10, 1.8%)
충청도(84, 15.4%)　　평안도(24, 4.4%)
경상도(67, 12.3%)　　함경도(23, 4.2%)
경기도(34, 6.2%)　　불명(72, 13.2%)
황해도(17, 3.1%)

도표 3 　지방관의 지역적 분포

　　지방관 중에는 전라도가 차지하는 비중이 가장 높으며(214, 39.3%), 충청도(84, 15.4%)와 경상도가(67, 12.3%) 그 다음이다. 전라도의 비중이 가장 높은 것은 유희춘의 친가와 처가, 외가가 모두 이 지역에 위치하기 때문이다. 경기도와 충청도는 향리를 왕래하는 연변이었으며, 충청도 은진恩津은 유희춘의 마지막 배소였다. 평안도와 함경도가 변방에 위치하면서도 황해도나 강원도보다 수치가 높은 것은 유희춘이 함경도 종성에서 20여 년간 유배생활을 한 것과 관련될 것으로 보인다. 따라서 개인의 지역적인 연고와 인접도는 선물의 실태와 규모를 결정하는 중요한 요인이었다고 하겠다.

　　유희춘은 지방관을 비롯한 동료 관인·친인척·문도·지인으로부터 선물을 거두었는데, 그 규모가 실로 상당하다. 유희춘은 10여 년 동안 2,855회에 이른 것으로 확인된다. 선물 증여자 중에 지방관이 차지하는 비중이 55%를 차지하였다. 지방관의 선물은 물자를 획득할 수 있는 주된 방법으로, 이는 양반 관직자의 주요 역사役事와 집안의 대소사에 집중되는 현상을 보인다. 재출사 후 10여 년 동안 유희춘 가에는 각종 역사는 물론 집안의 대소사가 끊이지 않았다. 먼저 유희춘은 두 차례에 걸쳐(해남, 담양 창평) 집을 신축하였으며 첩과 누이도 집을 지었다. 또한 담양·해남·순천 등지에 흩어진 산소에 대한 가토와 소분의 필요성이 제기되었으며, 농지 확보를 위한 황무지·언전의 개발에도 상당한 재원과 노동력이 요구되었다. 그리고 손자인 광선光先을 비롯하여 얼녀인 해성海成·해복海福·해명海明·해귀海歸의 혼사도 이어졌다. 지방관에게 있어 양반가의 대소사는 무엇보다도 중요한 현안이었으며, 개인적으로도 고위의 현직 관료와 관계를 맺을 수 있는 좋은 기회였다.

유희춘에게 선물을 제공한 인물의 45%는 친인척과 지인이었다. 이들은 혈연·지연·학연에 바탕을 둔 선물 수수 형태로 개인의 정치적인 역량과 상관없이 장기적으로 지속된다는 특성을 지닌다. 16세기 조선의 양반사회에서는 관직을 매개로 한 선물이 우세한 사회였다.

관직을 매개로 한 지방관의 선물이 서로 간의 이해관계 속에 수수된다면, 친인척·지인의 관계는 이미 형성된 인간관계를 배경으로 상호 부조하는 형태를 지닌다는 특성이 있다. 여기에는 인간 생활에서 발생하는 모든 인적관계가 포함된다. 수평관계뿐만 아니라 상하관계가 모두 포함되는데, 구체적으로는 나와 가족·형제·친인척·과거 동방同榜·동료·스승과 제자·이웃·자기의 노비·타인의 노비 등이 해당된다.

이들의 선물은 절기와 같은 계절적 변화와 생신·혼례·상례·제례와 같은 집안의 대소사에 집중되는 경향을 보인다. 관직을 매개로 한 선물이 집안의 주요 역사와 대소사에 집중되는 것과 대비되는 현상이다. 이러한 선물은 상호 부조적인 것으로 양반 관료는 손님 접대, 선물에 대한 답례, 수고료 명목으로 타인에게 선물을 지급하고 있다.

이러한 선물은 개인적인 차원에서 지급하는 것으로 규모가 그리 크지는 않다. 그러나 이는 인간관계를 유지하는 데 있어서는 꼭 필요한 것으로 지금까지도 우리 곁에 강고하게 남아 있다.

양반 관료가 지방관이나 친인척으로부터 정례적으로 받은 선물은 정형화된 하나의 경제 형태였다. 즉 선물 수수는 대단위로 그리고 공공연하게 이루어졌다. 선물을 주고받는 당사자도 도덕적으로 문제의식을 느끼지 않았다. 오히려 필요로 하는 물자를 요구하였으며, 상대가 호의적이었을 경우 대단히 만족하고 있다. 만약 이것이 뇌물이라면 그 상황을 일일이 기록하지 않았을 것이다. 조선시대의 일기는 개인의 일상에서 일어나는 것을 잊어버리지 않기 위해 기록하는 일종의 비망기備忘記이다. 선물 수수 사실을 자세히 기록하는 것은 그 사실을 잊지 않겠다는 것을 의미하며, 기회가 되면 보답하겠다는 의지를 보여준다. 선물은 갚을 기한이 정해지지 않은 빚이며 부담이다.

지방관의 선물은 물자획득의 유효한 방법이지만 정도가 지나칠 때는 위험성을 지닐 수도 있었다. 서로의 묵인하에 상당한 규모의 선물을 지급하더라도 서로 간의 이해가 달라지면 상황은 반전될 수 있었다. 이는 유희춘과 남원판관 이원욱의 관계를 통해 확인된다. 전라감사였던 유희춘은 1571년(선조 4) 4월 남원판관 이원욱李元旭이 오랫동안 병석에 누워 있어 정사를 돌보지 못하자 중요한 자리를 오랫동안 비워 둘 수 없다 하여 파직시켰다. 유희춘의 처사에 섭섭함을 느꼈던 이원욱은 상경하여 유희춘에게 정치적인 타격을 수도 있는 잡다한 소문을 퍼뜨리게 되었던 것이다. 유희춘이 순행巡行할 때 사사로이 인가에서 자고, 관장官匠을 이용해 집을 짓는가 하면, 영리營吏로 하여금 집 짓는 일을 감독하게 했다는 것이다. 결국 유희춘의 학문적인 위치, 국왕 선조의 특별한 신임, 유희춘의 지니고 있는 인적 배경 등이 작용하여 이 사건은 무마될 수 있었다. 그러나 유희춘의 정치적인 상황이 좋지 않았다면 위해危害가 될 수도 있는 사건이었다.

토지 소유와 그 경영

토지 소유 규모

양반의 기본적인 경제적 기반은 토지와 노비이다. 이는 관직 진출 여부와 상관없이 대부분의 양반들이 보유하게 되는 기초적인 생산 기반이다. 그러나 토지의 소유와 확대 방식에 있어 일반 양반과 관직자에게는 많은 차이가 있는 것으로 보인다. 관직의 유무가 이들의 운영에 절대적인 영향력을 미치게 된다.

토지는 기본적으로 상속을 바탕으로 한다. 16세기 균분상속이 시행되던 사회에서 선대의 현달 여부와 혼인 상대의 경제력, 그리고 자녀의 수는 상속을 규정하는 중요한 요소이다. 토지는 면적과 더불어 비옥도, 그리고 노비는 수효뿐 아니라 나이·성별까지 고려하여 고르게 나눠주었다.

유희춘 집안에 분재기分財記가 남아 있다면 토지의 소유 규모와 분재 실태를 파악하기가 보다 수월할 것이다. 그러나 현재 이 집안에는 유희춘 이전의 분재기는 남아 있지 않다. 따라서 여기서는 유희춘이 어느 정도의 재산을 상속받을 수 있었는가를 가문 배경을 통해 추정하는 수밖에 없다. 유희춘은 대규모로 토지를 상속할 처지는 아니었다. 더구나 유배 생활로 인하여 그 규모는 더 축소될 수밖에 없었다. 다음의 자료는 재출사하였을 때 유희춘 집안의 토지 소유 규모가 어느 정도였는지를 짐작하게 해 준다.

> ㉠ 윤관중尹寬中이 이르기를 보리를 감독해 거둔 것이 23섬이라고 한다.[85]
> ㉡ 노 석정石丁이 이르기를 금년 우리 집의 논에서의 소출이 모두 83섬이라고 한다.[86]

자료 ㉠은 1568년(선조 1)으로 사위 윤관중이 보리 23섬을 수확했다고 보고한 것이고, 자료 ㉡는 1569년(선조 2) 가을 추수를 하고 수노首奴 석정이 한 해의 수확이 83섬이었다는 사실을 보고하는 내용이다. 이 당시는 유희춘이 재출사한 지 2년이 되던

때로 관직은 홍문관 교리·응교·대사성을 거쳐 좌부승지·상호
군을 역임하는 등 관직이 지속적으로 높아지고 있던 때였다. 그
럼에도 논에서의 한 해 소출이 83섬이었으므로 당시까지도 유
희춘이 소유한 토지 규모가 그리 많다고 하기는 어렵다. 이 시
기 유희춘이 관직 생활을 하면서 녹봉으로 받은 규모가 51섬,
공노비로부터 수취한 선상가가 26섬, 지방관이나 친인척으로
부터 선물로 받은 쌀이 186여 섬이므로 토지에서의 수확량이
큰 비중을 차지하였다고 하기는 어렵다.

그러면 재출사 후반기의 상태는 어떠했을까. 『미암일기』에
서 전체 농지 규모를 파악할 수 있는 자료는 찾을 수가 없다. 다
만 부분적인 소유 규모만을 파악할 수 있을 뿐이다.

> 부인과 같이 가계家計를 의논하였는데 부인이 담양의
> 전답 규모를 살피고 내가 부인의 사집책私集冊에 적으
> 니 대개 논은 모두 7섬지기 9마지기이고 밭은 콩밭이
> 1섬지기 18마지기이다.[87]

1575년(선조 8) 담양에 소재한 유희춘가의 토지는 논은 모두
7섬지기 9마지기이고, 밭은 콩밭이 1섬지기 18마지기였다. 당
시 유희춘가의 토지는 담양 외에도 해남과 순창·영광·장성 등

지에 산재해 있어 이를 유희춘가의 전체라고 하기는 어렵다

여기서 주목되는 자료가 유경렴분재기柳景濂分財記이다.[88] 이 자료는 유희춘이 죽은 뒤 5년 후에(1583) 유희춘의 아들인 유경렴이 그의 자식들에게 재산을 평균 분급하는 것이다. 유경렴은 상당히 우활하고 용렬한 인물이라고 알려져 있어 유희춘의 사후에 재산을 크게 확대할 처지는 아니었을 것이다. 그러므로 이를 통해 재출사 말년에 유희춘이 소유한 토지 규모를 추정해 볼 수 있다.

【표 7】을 통해 유경렴이 논 295마지기, 밭 227마지기와 노비 56명, 그리고 기와집 2채를 소유하고 있었음을 알 수 있다. 유희춘에게는 유경렴 외에 딸이 한 명 있었으므로 유희춘 말기의 재산 규모는 위의 두 배 정도였을 것으로 여겨진다. 1576년(선조 9) 유희춘이 100여 명의 노비를 소유하고 있었음을 상기해 볼

자식 구분	논	밭	노비	집
장자 광선(光先)	116마지기	54마지기	24명	기와집 55칸
차자 광연(光延)	97마지기	147마지기	16명	기와집 6칸
말녀 봉례(奉禮)	82마지기	26마지기	16명	
계	295마지기	227마지기	56명	기와집 2채

표7 유경렴의 재산 분급 내역

때[89] 이러한 추정은 그리 틀리지 않은 것이다. 그러므로 유희춘 말년의 토지 소유 규모는 논 600마지기, 밭 500마지기 내외였을 것으로 보인다.

유희춘가에서는 어떠한 방식으로 토지를 확대하였을까. 먼저 생각할 수 있는 것이 부잣집과의 혼사를 통해 상속분을 확대하려는 모습이다. 16세기는 재산을 균분상속하던 시기이므로 혼인은 재산의 증감과 밀접한 관련을 가질 수밖에 없었다. 이는 일기 자료라는 특성으로 인해 확인이 가능한 것이다. 유희춘은 혼처를 물색하는 과정에서 개인의 품성뿐만 아니라 상대 가문의 재산 유족 여부를 살피고 있다. 이는 혼인 상대에 따라 상속의 규모가 달라질 수 있었기 때문이다. 즉 선산 유씨의 종손인 광문光雯, 유희춘의 장손 광선光先, 그리고 이종 간인 나주 나씨의 혼처물색 과정에서뿐만 아니라 자신의 얼서孼壻를 구하는 과정에서도 마찬가지로 나타났다.

이는 유희춘 집안뿐만 아니라 상대방도 마찬가지였다. 유희춘의 장손 광선의 혼인 과정에서 이러한 모습을 자세히 살필 수 있다. 유광선을 남원의 사과 김장金鏘 집안의 딸과 혼인시키기로 한 것은 1572년(선조 5) 9월이었으나 이 혼인은 여러 가지 이유로 미뤄지다가 4년 뒤에야 이루어지게 된다. 유희춘이 당당한 재상가였음에 비해 김장은 사과, 그의 아버지는 선전관을 지낸 정도였으므로 상당히 기우는 혼사라고 할 수 있다. 그럼에도 김장가에서는 유희춘가의 청혼에 응한 뒤 여러 가지 이유를 들어 혼인을 미루고 있다. 나중에 밝혀진 사실이지만 사돈집에서 혼인을 미룬 데에는 이유가 있었다.

> ㉠ 김사과金司果가 1572년 겨울에 노를 혼인하기로 한 곳에 보냈더니 그 노가 돌아와서 말하기를 "집이 썰렁하니 가난함을 알만 합니다"라고 하였다. 그 주인 김성원金聲遠이 화가 나서 노에게 매질을 했다.[90]
> ㉡ 중량仲良의 처 안 씨를 통해 들으니 김 사과가 처음에는 중간에 고자질하는 말을 듣고 우리 집이 아주 가난하여 죽도 끓여 먹지 못하는 것으로 알았으나 납채納采가 아름다움을 보고 처음으로 그 의혹을 풀었다고 한다.[91]

위의 기록은 모두 혼인이 이루어진 후의 기록이지만, 혼인하기 이전 상대의 고민이 무엇이었는지 잘 나타내 준다. 김장가에서는 혼인을 허락한 이후 신랑 측의 경제 상태를 알아보기 위해 자신의 노를 은밀히 파견하였던 것이다. 당시에는 유희춘 일족이 상경하여 생활하던 시기였다. 유희춘가에 다녀온 노는 집이 매우 가난하다고 고하게 되고, 김장은 상대인 유희춘이 가난하여 죽도 끓여 먹지 못하는 것으로 판단하였다. 그리하여 여러 가지 이유를 들어 혼사를 미루게 되었던 것이다. 이러한 혼인 과정을 겪은 유희춘은 어린 손자 광연光延에게 교육적인 차원에서 '혼인에 있어 가문이 높은 것과 가계家計가 부유한 것 중 어떤 것을 취하는 것이 좋으냐?'고 묻고 있다. 그러자 광연이 '당연히 가문이 높은 것을 취해야지 집이 부유한 것을 취하면 안 됩니다'라고[92] 하고 있지만, 이러한 대화가 오고 간 배경이 흥미롭다. 혼인에 있어 부가 중시되는 풍조는 당시가 균분상속이 시행되던 때이므로 상대의 재산 규모가 재산 증감에 절대적인 영향을 미치고 있었기 때문이다.

이는 혼인에 있어 개인의 성품·행실·가법보다는 경제력이 우선시되고 있는 당시의 실상을 반영하는 것이다. 당시에는 재산이 넉넉한 집과 혼인함으로써 그 유산으로서 재산을 확대하려는 의식이 일반화되었던 것이다.

둘째로는 매득에 의한 확대이다. 『미암일기』에서 토지매매 기록을 정리한 것이 다음의 【표 8】이다.

일기에는 토지 명문과 달리 매매 시기·가격·소재지·매매 이유·매도자·증인 등이 모두 기록되어 있지 않아 토지매매의 전체상을 파악하기 어렵다. 그러나 대체적인 경향을 파악하는

	매득 시기	매득 규모	매득가	소재지	매매명목	유희춘과 관계
1	1567. 12. 10.	삼답(三畓)	목면 2동 20필		환(還)	임찬(林溁) [외조 최보(崔溥) 고모의 자손]
2	1567. 12. 19.		목면 45필		환전(換田)	김덕제(金德濟) [최보(崔溥) 3서(壻) 김분(金雰)의 아들]
3	1568. 1. 8.		쌀 4섬,콩[太] 2섬, 5승목 14필	북변(北邊) [담양]	매	이형(李蘅) [처사촌 송정로(宋庭老)의 사위]
4	1568. 1. 8.	2마지기 반	소(雌牛) 1마리			송정지(宋庭芝) [처사촌]
5	1569. 8. 24.		참기름 6말			이방주(李邦柱) [처남 송정수(宋庭秀)의 사위]
6	1569. 12. 10.	답 8마지기	수우(禾牛) 6마리 4승목 6필	고현(古縣) [해남]	환태(還退)	김도제(金道濟) [최보(崔溥) 3서(壻) 김분(金雰)의 아들]
7	1570. 12. 13.		목면 24필			전억(全億)
*8	1573. 2. 23.	전 2마지기	정미 14섬	노상서변(路上 西邊) [담양]	교역(交易)	이형(李蘅) [처사촌 송정로(宋庭老)의 사위]
9	1575. 11. 18.	14마지기	기와집 12칸		환태	조인우(趙仁右)가 모점
10	1575. 12. 2.	면전(綿田)				용산매(龍山妹)
11	1575. 12. 21.		정조 14섬, 소 1쌍	해남		정언식(鄭彦湜) [최보(崔溥) 장인의 친척]
12	1575. 12. 23.	답 3마지기	중미 12섬	동안답(東岸畓) [담양]	매	송정순(宋庭筍) [처사촌]
13	1575. 12. 26.	답 4마지기	쌀 10섬, 소 1쌍		매	김난옥(金蘭玉) [인척]

	매도시기	매도 규모	매도가	소재지	매도 명목	유희춘과 관계
1	1576. 3. 4	전 2마지기			매	송흥(宋興) [처사촌 송안도(宋安道)의 아들]

표 8 유희춘가의 토지매매 내역

데에는 크게 문제되지 않는다. 총 14건의 매매 기사 중 13건이
매득한 것이고, 1건이 매도한 것이다. 1건의 매도도 이웃한 이

의李饎가 자주 침탈하여 귀찮게 여기던 차에 마침 송홍宋興이 그의 논과 연결되어 있다고 하여 사겠다고 하기에 넘겨준 것일 뿐[93] 형편이 어려워 매도한 것은 아니다. 위의 【표 8】의 8은 사들인 것이 아니라 되찾은 것이다. 유희춘의 처사촌 송정지宋庭芝는 1549년(명종 4) 유희춘 집안에서 암소 1마리를 빌려다 잡아먹고 대신 관교답筧橋畓 2마지기 반을 유희춘에게 주었다. 그러나 유희춘이 유배 간 사이에 이를 송홍宋興에게 이중으로 방매하여 유희춘이 해배 후 되찾게 된 것이다.[94] 이를 통해 유배 기간 토지가 제대로 관리되지 못한 단면을 엿볼 수 있다.

13건의 매득 기록 중 6건의 규모를 알 수 있는데, 이를 합하면 논 30마지기 반, 밭 2마지기가 된다. 규모를 알 수 없는 경우가 7건에 이르고, 이들의 매득가가 상대적으로 높음을 보아 유희춘이 매득한 토지의 규모는 위 전답의 배 이상일 것으로 추측된다. 토지의 비척도에 따라 다르겠지만 【표 8】의 1, 2에 따르면 콩밭 2마지기가 쌀 14섬에, 논 3마지기가 쌀 12섬에, 논 4마지기가 벼 10섬과 소 1바리에 매매되는 것이 일반적인 현상이었음을 알 수 있다.

여기서 매도자의 대부분이 유희춘의 친인척이라는 점이 주목된다. 김덕제金德濟·김도제金道濟·정언식鄭彦湜·임찬林澯은 외가 쪽 인물이고, 송정지宋庭芝·이형李衡·이방주李邦柱·송홍宋興 등은 처가 쪽 인물이다. 김덕제와 김도제가 외조인 최보의 사위 김분金雰의 아들이고, 정언식은 최보 장인의 형 귀영貴瑛의 증손 이다. 그리고 임찬도 최보 고모의 자손이다. 또한 송홍은 처사 촌 송안도宋安道의 아들이고, 송정지와 송정순은 유희춘의 장인 준駿의 형제 아들이다. 이형은 처남 송정노宋廷老의, 그리고 이방 주는 처남 송정수宋廷秀의 사위이다. 이 밖에 김억金億·김난옥金 蘭玉·조인우趙仁右 등도 유희춘의 친인척이었을 것으로 추정된 다. 이는 조상 전래의 토지를 방매하는 것을 불효로 여겼으며, 부득이 매각할 경우도 내외 자손 사이에 매매 또는 교환하던 당 시 관행 때문일 것이다. 이는 손외여타孫外與他를 금지하려는 의 식의 발로인 것이다. 손외여타의 금지는 조선 중기까지 개인 가 문의 재산상속이나 경영에서 가장 금기시했던 항목 중의 하나 이다. 부득이하게 재산을 팔아야 할 경우라도 손외孫外에게 넘 기지 말고 손내孫內에서 거래하도록 정한 것이다. 이는 조상이 어렵게 축적한 재산을 타인에게 함부로 넘겨줄 수 없다는 의식 의 발로로 조상 대대로 내려온 재산을 지키려는 지극히 인간적 이고 본능적인 관념의 표출이라 하겠다.

이어서 들 수 있는 것이 개간이다. 상속이나 매득은 다소 한 계가 있는 재산확대책이라 할 수 있다. 상속이 선대의 현달 여 부와 혼인으로, 그리고 매득이 손외여타의 금지로 인하여 어느 정도 제한을 받았기 때문이다. 그러나 개간은 그렇지 않았다. 16세기 대부분의 양반 가문이 진전陳田이나 언전堰田 개간을 통해 재산을 확대하였다는 것은 주지의 사실이다. 그리하여 이때를 '개발의 시기'로 부르기도 한다.[95] 당시에 있어 개간은 국가적 차원에서 뿐만 아니라 개인적 차원에서도 널리 권장되던 사업이었다.

유희춘도 진전의 개간에 매우 적극적이었다. 개간은 황무지·산림지·작은 연못 등에서 진행되었다. 그의 친인척들은 개간 가능한 곳을 물색해 두었다가 유희춘이 휴가를 얻어 향리로 내려오면 이를 본격적으로 진행시켰다.

그러나 양반 관료의 개간은 기본적으로 관아의 지원을 전제로 하였다. 개인이 가지고 있는 재원이나 노동력으로는 한계가 있기 때문이다. 해당 지역의 지방관을 통해 역원을 동원하고 목재와 식량을 지원받지 않으면 개간은 사실상 불가능하다. 그러면 유희춘가의 진전 개간의 실태를 살펴보도록 하겠다.

㉠ 담양부사 박이실朴而實이 다시 나와 같이 밥을 먹었다. 방천군防川軍을 허락하고 갔다.[96]
㉡ 삼면부三面府에서 3면의 방천군을 허락하는 첩자貼字를 가져왔다. 대곡大谷이 75명이고, 답곡畓谷이 79명,

가마곡可亇谷이 138명이다.[97]

ⓒ 용답곡用畓谷·갈마곡乫麻谷 2면의 군인이 돌을 옮겨와 축방을 하였다. 광문光雯과 김난옥金蘭玉이 그 역을 감독했다. 정오에 내가 잠시 가서 보고 왔다.[98]

ⓛ 민구閔龜·정강옥鄭岡玉이 왔다. 나는 민과 황원화산黃原花山의 뚝을 쌓아 논으로 만들 만한 곳에 대해 의논하였다. 정은 나와 장기를 두다가 갔다. 오언상吳彦祥이 말하기를 향리 차억세車億世가 독동음禿冬音 진전을 입안받아 둑을 막아 물을 가둔다면 4-5섬지기는 논으로 만들 수 있다고 했다. 이유수李惟秀도 또한 그렇다고 했다.[99]

ⓜ 독동음禿冬音의 일꾼들이 들보 1조條를 끌어왔다.[100]

ⓗ 강진 지녕리至寧里에 사는 사노 손석孫石은 윤사민尹師閔의 노이다. 와서 말하길 장흥 지녕리至寧里에 물을 대어 논으로 할 만한 진황지가 있는데, 이미 윤관중의 말을 들어 장흥부에서 입안을 받아 놓았습니다. 그 주인 사민이 진주 금곡金谷에 살고 있으므로 살 수 있다면 그 농장을 지키겠다고 한다. 내가 마땅히 사람을 보내 형편을 알아보고 다음 해에나 해 볼까 한다.[101]

㉠·㉡·㉢은 담양의 대곡·용답곡·가마곡에 방천군을 동원하여 축방을 하는 기록이고, 자료 ㉣·㉤은 황원화산 뚝을 쌓아 논을 만들 곳과 독동음 진전에 대해 뚝을 쌓아 개간할 수 있는지를 알아보는 내용이다. 특히 독동음 진전의 경우 논으로 만들면 4-5섬지기가 될 수 있는 넓은 지역으로 유희춘은 입안한 뒤 필요한 노동력을 동원하였다. ㉥은 강진 지녕리에 거하는 윤사민의 노가 이미 유희춘의 사위 윤관중 장흥 부사에게 입안立案을 받은 장흥 지녕리의 진황지를 그의 주인이 사서 농장으로 삼고자 한다는 뜻을 전한 내용이다. 이로 보아 진황지를 입안하여 매도하는 것도 가능한 일이었음을 알 수 있다.

산곡간이나 진전 등지에 내를 막고 뚝을 쌓아 개간하는 이러한 방법은 해택海澤보다는 규모가 작아 소규모 노동력을 동원하면 논으로 만드는 것이 가능해 가장 효과적인 개간 형태였다고 하겠다. 유경렴분재기 중에 광연光延에게 상속된 해남 오도현五道峴 소재 밭 겉보리 평 4섬지기와 내서변內西邊 평 2섬지기가 규모가 큰 데도 불구하고 세금이 없는 것을 보면 진황지를 개간하여 마련된 것으로 보인다.

진전 개간은 언전 개간보다 규모가 작아 얼마간의 노동력과 재력만 있으면 가능하였다. 그러나 언전 개간은 경우가 다르다. 해안의 갯벌을 막아 개간하는 데는 대규모의 재원과 노동력이 필요하였을 뿐만 아니라 잘못되었을 경우 커다란 낭패를 볼 수도 있는 일이었다.

유희춘은 자신을 위하여 해택을 개간하지는 않았다. 그러나 유희춘의 친인척들은 유희춘이 언전을 개간할 수 있도록 적극 지원할 뿐만 아니라 유희춘의 힘을 빌려 자신들의 언전 개발에도 몰두하고 있었다.

    ㉠ "진도별감 김○○가 해택의 입안을 허락한 것은 벽파정진 옆의 거의 50여 섬지기 땅입니다. 진도내의 군인을 하루만 사역하면 방축이 끝나리라는 것은 의심할 바가 없습니다. (그리하면) 땅의 지질과 해산물 등 여러 가지가 도내에서 최고일 것입니다. 내가 영공(유희춘)을 위해 마땅히 한 일이니, (여기에) 하나의 농장을 만드는 것이 어떠하겠습니까?"[102]
    ㉡ 송제민宋濟民을 불러 그가 망령되게 영광에 결코 되지도 않을 해언海堰의 역역役을 일으켰다고 꾸짖고 또 감사에게 말해 못하게 하겠다는 뜻을 전했다. 도랑이 깊은 곳이 있어 개간하기 어렵기 때문이다. [103]
    ㉢ 송제민이 와서 고하길 우수영에 간다면서 구제해 달라는 편지를 구하길래 즉시 써 주었다. 제민이 전년

에 망령된 계획을 세워 영광에다 해언을 만들기 위해 산목山木 1,000조를 사서 지금 관에 잡혀가 1,000필의 속목贖木을 물릴까 두려우니 이를 모면케 해 달라고 청해왔다.[104]

해남 윤씨 일족으로 유희춘과는 사돈인 윤항尹巷은 1569년(선조 2) 서울에 있는 유희춘에게 다음과 같은 편지를 보냈다. 유희춘을 위하여 진도 벽파정진碧波亭津 근처에 대규모 농장을 만들고자 하는데, 입안은 이미 하였으니 도내의 군인을 하루 정도만 동원하라는 것이다. 이는 50여 섬지기 규모로 개간만 하면 지질이나 해산물 등이 도내 최고라고 하였다. 그러나 유희춘은 이에 응하지 않은 것으로 보인다.[105] "이 계책이 이익을 얻을 수 있는 일이기는 하지만 백성을 시켜 일을 일으킨다는 것이 매우 미안하다"라는 이유에서였다.[106] 당시 해남에서 유희춘을 가리켜 "향리에 있으면서 해택을 개간하여 논으로 삼지 않고, 집안에 잡인을 들이지 않으니 청빈함에 있어 둘도 없는 인물이다"[107]라고 한 까닭도 이 때문이었는지 모른다.

자료 ⓛ·ⓒ은 유희춘의 처종질 송제민宋濟民이 영광에 해언 개간을 하는 모습이다. 송제민은 유희춘의 힘을 빌려 영광에 언전 개간을 하고자 하였다. 이에 유희춘은 그 곳은 도랑이 깊어 개간하기 어려우니 그만두라고 만류하였다. 그러나 송제민은 이를 강행하였다. 그는 영광의 나무 1,000조를 벌목하여 제언을 구축하였던 것이다. 그러나 이것이 문제가 되어 우수영에 잡혀가 죗값으로 속목 1,000필을 물게 되었다. 이에 송제민이 유희춘을 찾아와 살려 달라고 청하자, 유희춘은 우수사 곽영경郭嶸景에게 서한을 보내 구제해 줄 것을 요청하였다.[108]

이상에서와 같이 유희춘은 상속과 혼인을 통해 토지를 소유하고, 매득과 개간 등의 방법으로 토지를 확대할 수 있었다. 그리하여 재출사 말기에는 밭 500마지기 논 600마지기 정도의 토지를 소유하게 되었다. 유희춘가의 경우 농지 확대의 가장 중요한 방법은 개간이었다. 상속이 선대의 현달 여부와 혼인으로, 그리고 매득이 손외여타의 금지로 인하여 어느 정도 제한을 받았기 때문이다. 따라서 16세기 대부분의 양반 가문이 그러하듯이 유희춘가도 진전이나 언전 개간을 통해 재산을 확대하고 있었던 것이다. 특히 저습지·산곡간·진황지 등지의 진전 개간은 그 대상지도 많으며, 해택에 비해 상대적으로 적은 비용으로 즉각 소출을 얻을 수 있는 효과적인 방법이었다.

농사짓는 방식

유희춘은 재출사 이후 주로 상경하여 생활하였으므로 『미암일기』에는 농업경영과 관련된 기록이 그리 많지 않다. 그러므로 이 자료를 통해 당시 농업경영의 전반적인 모습을 살핀다는 것은 불가능하다.

유희춘이 농업과 관련하여 가장 관심을 가지고 있었던 부분은 한수해나[109] 병충해와 같은 자연재해였다. 당시는 물론 지금까지도 이것이 농사의 풍흉을 결정짓는 주된 요인이기 때문이다. 그리하여 『미암일기』에는 풍해·한수해 등의 기상 상태와 이변에 대해 상세히 기록하고 있다. 이는 중앙에서 관직 생활을 하는 위정자의 입장이 반영된 것일 수도 있다.

    ㉠ 듣자 하니 해남 등에 벼멸구蟬蟲가 넓게 번져 올벼는 이미 없어져 버리고 늦벼도 썩어 버려 추수의 가망이 없다고 한다.[110]
    ㉡ 영호남에 황충蝗蟲의 피해가 자주 있어 백성들의 생활이 심히 걱정스럽다고 한다.[111]
    ㉢ 홍성·원주 이남에 충이 생겼다가 저절로 죽었다.[112]
    ㉣ 전라감사 서장을 보니 진도 논의 벼는 곳곳마다 주

저앉아 썩어 버리고 콩밭과 조밭은 흑충黑蟲이 침범하여 버리고, 해남에 마른 것을 심었던 해택海澤에서는 완전히 썩어 죽어버렸으며, 여름에 씨를 부친 늦은 조가 난 곳에는 머리가 붉고 몸이 검은 벌레가 크게 번져 모두 침식했다고 한다.[113]

유희춘은 벼멸구·황충·흑충 등이 번식하여 농사를 망치고 있음을 걱정하고 있다. 그러나 당시에 있어서 병충해에 대해서는 별다른 대책이 없었던 것으로 보인다.

유희춘도 생산량 증대를 위해 관심을 기울이고 있었는데, 대표적인 방법이 종자를 개량하는 문제였다.

　　㉠ 밤에 광문光雯에게 들으니 제주에서 나온 사산도查山稻가 점차 충청도 은진 등처로 퍼져 나가는데 나산도는 더욱 좋아 대개 1말의 종자로 10여 섬을 추수하고, 나락 15말에서 쌀 2말이 난다 하니 세상 다른 벼에 비하여 소출이 몇 배나 된다. 실로 우리나라 백성들 배고픔을 덜어 줄 큰 보배라고 하겠다.[114]
　　㉡ 박사 정언식鄭彦湜이 서울로부터 내려와 볍씨 바꾸는 일을 의논했다.[115]

ⓒ 초 9일 새벽 노 몽근夢勤이 볍씨 바꾸는 일로 정언식
의 노와 함께 해남에 갔다.[116]

자료 ㉠에는 두 종류의 볍씨가 나오는데 사산도와 나산도가
그것이다. 이들은 기존의 것들에 비하여 많은 수확량을 내는 것
이어서 많은 사람들의 관심을 끌게 되었던 것으로 보인다. 제주
산 사산도는 이미 충청도의 은진 등 도처로 퍼져 나갔으며, 나
산도는 1말의 종자로 10여 섬을 거둘 수 있어 다른 것보다 몇
배의 소출을 거둘 수 있게 되었다. 자료 ⓛ·ⓒ에서 유희춘은 정
언식과 볍씨를 바꾸는 일에 대해 의논하고, 노 몽근을 시켜 볍
씨를 바꿔오도록 하고 있다. 종자의 개량은 농업 생산력 증대를
위한 방식 중의 하나였던 것이다.

유희춘 집안의 토지 경작형태가 직영直營인지 아니면 병작
竝作인지를 확인할 수 있는 자료가 거의 없다. 다만 1573년(선조
6) 2월 유희춘은 처종질인 이형으로부터 콩밭 2마지기를 사들
이고 있는데[117] 여기에서 매득자는 유희춘이 아니라 노 막동莫同
과 필동必同으로 되어 있다. 물론 이들은 유희춘가의 노이다. 그
러나 이들은 토지에 대한 소유권을 갖는 것은 아니고 '경호주耕
戶主'라 하여 토지에 대한 경작권을 지니고 있었던 것으로 보인
다. 유희춘은 그의 노를 '해남노' '담양노'로 지칭하고 있는데, 이

들이 해남과 담양에 거주하면서 유희춘가 인근의 토지를 경작한다는 의미에서 그렇게 사용한 것으로 보인다. 그리고 1573년 12월 석정石丁이 유희춘에게 '오도현吾道峴 목면전 소출이 올해 반으로 나눠 150근이 나왔다'고[118] 하는 것을 보면 일부는 병작에 의해 경작되기도 하였던 것으로 보인다.

유희춘은 주로 재경 관료로 생활하고 있어 농지관리는 주변 인물에 의존할 수밖에 없었다.

> ㉠ 부인과 같이 가계家計를 의논하였는데 부인이 담양의 전답의 규모를 살피고 내가 부인의 사집책私集冊에 적으니 대개 논은 모두 7섬지기 9마지기이고 밭은 콩밭이 1섬지기 18마지기이다.[119]
> ㉡ 윤관중尹寬中이 이르기를, "보리(大麥)를 감독해 거둔 것이 23섬입니다"라고 한다.[120]
> ㉢ 윤관중이 보고하기를, "우리 향리의 농사는 거둘 것이 있습니다"라고 한다.[121]

부인 송씨와 사위 윤관중 등이 유희춘가의 농사에 관한 제반 사항을 관리·감독하고 있었던 것으로 보인다. 특히 부인 송씨는 개인적으로 경제 상황을 꼼꼼히 기록하면서 관리하였다.

유희춘은 20여 년이 넘는 기간 동안 유배 생활로 인하여 집을 비웠고, 이후부터는 다시 상경하여 관직 생활을 하고 있었으므로 경제의 일선에는 부인이 나설 수밖에 없었다.

당시의 혼속에는 혼인 이후 거주 방식이 서류부가적인 형태가 남아 있어 사위가 혼인 이후 처가에서 거주하는 것은 일반적이었다. 유희춘도 아들보다는 출가한 딸과 같이 생활하던 기간이 많아 사위인 윤관중이 농사일을 관리·감독하는 것은 그리 이상한 일이 아니다. 더구나 윤관중은 해남 윤씨의 일족으로 그의 본가도 해남에 있었다.

그러나 농사에 대한 실제 관리는 수노 석정石丁이 총괄한 것으로 보인다.

> ㉠ 노 석정이 와서 말하길, "금년 우리 논의 소출이 모두 83섬입니다"라고 하였다.[122]
> ㉡ 노 석정이 아뢰길, "김덕제金德濟가 이미 송인필宋仁弼의 밭과 바꾸었음에도 불구하고 양막전羊幕田의 보리밭 2마지기를 함께 경작했습니다"라고 하니 괴이하다고 하겠다.[123]
> ㉢ 석정이 보고하기를 오도현吾道峴 목면전木棉田 금년에 분반分半하여 150근을 얻었다고 한다.[124]

ⓛ 석정이 콩 16말로 쇠시랑 3개와 가래 1개, 보습 1개를 샀다.[125]

ⓜ 석정이 아뢰길, "황조 40석을 연정鍊正하여 정조 26섬 4말을 얻었다고 한다. 선전관댁 벼 32섬 14말을 배에 실어 올려 보냈습니다"라고 하였다.[126]

ⓗ 해남노 석정이 법성창法聖倉에 전세田稅를 납부하고 와서 배알하기에 우리 부부가 보고 매우 기뻐했다.[127]

　석정은 세세한 농사일부터 조세 납부까지 유희춘가의 모든 농업 과정을 총괄하고 있었다. 농기구를 구입하는가 하면, 황조荒租를 다듬질하여 정조正租를 만들기도 하고, 전답의 수확량을 보고하기도 하였다. 또한 유희춘가에서 내야 할 벼를 실어 서울로 보내거나 영광 법성포에 가서 직접 납부하기도 하였다. 그는 기본적으로 일에 정성을 다할 뿐만 아니라 속이거나 거짓이 없는 인물이었으므로[128] 유희춘은 농사에 관한 한 그의 말을 아들이나 사위의 말보다 더 믿었다.

　요컨대 유희춘이 농업경영에 가장 관심을 기울였던 부분은 한수해와 병충해 등의 자연재해였다. 당시에도 이것이 농사의 풍흉을 결정하는 주된 요인이기 때문이다. 그러나 이는 관료의 입장이 반영된 결과이다. 유희춘은 생산량의 증대를 위해 종자

개량에 관심을 갖기도 하였다. 당시에 있어서는 많은 소출을 낼 수 있는 새로운 볍씨가 유행하고 있었던 것으로 보인다. 유희춘가의 전답은 병작과 직영에 의해 경작되었는데 이의 관리는 부인과 사위 등이 담당하였고, 실제적인 농업 과정은 수노인 석정이 담당하였다. 석정이 농장을 관리하게 됨으로써 노비 노동력을 보다 효율적으로 관리할 수 있었다.

노비 소유와 그 사환

노비 소유 규모

유희춘이 유배 이전 어느 정도의 노비를 소유하였는지는 확인할 수 없다. 그러나 다음의 자료를 통해 재출사 말기인 1576년(선조 9)에 100여 명의 노비를 소유하고 있었음을 알 수 있다.

금년에 호적을 담양으로 옮기는데 경렴景濂으로 하여금 정서하도록 하였다. 우리 부부 양변의 노비가 거의 100여 명에 이른다. 호적을 해남에서 하지 않고 담양에서 하니 내 마음이 편안치 않다.[129]

이는 유희춘이 그의 호적을 해남에서 담양으로 옮길 당시의 기록이다. 유희춘은 원래 해남에서 출생하여 1576년 6월까지 그곳에서 생활하였으나 이곳이 을묘왜변 등 왜구로 인한 피해가 적지 않아 담양의 처가 인근(昌平 水菊里)에 집을 지어 이주하기로 한다. 집은 1572년(선조 5)에 짓기 시작하여 1576년 6월에야 완성되는데, 이와 더불어 호적도 해남에서 담양으로 옮기게 되었던 것이다. 이때 작성한 호적에 의하면 그는 당시 100여 명의 노비를 소유하고 있었던 것으로 나타난다. 100여 명 정도의 노비는 많다고 하기는 어렵지만, 이는 양반가의 통상적인 소유 규모(70-80구)[130]보다는 많은 것이다.

노비는 토지와 마찬가지로 우선 상속에 의해 소유하게 된다. 선대의 현달 여부와 혼인 상대의 경제적 규모, 그리고 자녀의 수는 상속의 규모를 결정하는 주요 요인이다. 그러나 유희춘은 상속을 통해 많은 노비를 소유할 입장이 아니었다.

다음은 별급別給의 경우를 들 수 있다. 우선 혼인할 때 지급되는 것이 신노비新奴婢[131]이다. 유희춘에게 몇 명의 신노비가 지급되었는지 알 수 없다. 그러나 유희춘의 장손인 광선光先의 혼인 과정에서 남편의 집에서 대소 1쌍씩 4명의 노가, 부인의 집에서 대소 1쌍씩 4명의 비가 부부에게 주어졌음을[132] 보아 유희춘에게도 같은 수의 신노비가 지급되었을 것으로 여겨진다.

또한 유희춘은 문과 별급을 받았다. 당시 문과 급제는 본가 뿐만 아니라 처가·외가 등의 사회경제적 위상과 직결되는 만큼 급제자에게 특별히 재산의 일부를 급여하는 것은 한 나라에서 일반적으로 행해지는 규약으로 관례화되어 있었다. 유희춘은 26세인 1538년(중종 33)에 문과에 급제하여 처조모 전주 이씨(송기손의 처)로부터 노 대근大斤·한세漢世와 비 이덕李德·계비戒非·이비李非·단화丹花를 별급 받았다.

그러나 이렇게 소유하게 된 노비들도 유희춘이 20여 년간 유배 생활을 하게 됨으로 인하여 제대로 관리되지 못하였다. 다음 자료를 통해 해배 당시 유희춘가 노비의 존재형태가 어떠하였는지를 살필 수 있다.

⑦ 누이가 오언상吳彦祥에게 명하여 노비문기奴婢文記를 다시 써서 주게 하였다.[133]
ⓛ 광문光雯이 담양으로부터 왔는데 비 조진朝眞을 잡아 오는 일 때문이다.[134]
ⓒ 노비 중에 옛적에 공이 있는 자는 모두 상을 주었다. 누이가 준 노비 5명과 첩이 얻은 1명의 서류를 모두 관에 제출했다.[135]
ⓔ 노 내은석內隱石이 개성부에서 돌아왔는데 놋대접鍮鉢

2개와 구리쟁반銅盤 1개를 10년 신공을 내지 않은 것에 대한 대가로 드린다기에 내가 웃으며 받았다.[136]

유희춘이 해배되어 귀향하자 누이 오자吳姊는 그의 아들 오언상을 시켜 유희춘가의 노비문기를 다시 베껴 주게 하고, 새로이 5명의 노비를 증여하였다. 유희춘이 유배 가 있는 동안 해남 본가의 일들은 누이가 관리하였던 것으로 보인다.

유희춘은 옛적에 공이 있었던 노비에게는 상을 주고 도망간 노비들은 잡아들이게 하고 있다. 개성부에 사는 내은석은 유희춘이 돌아왔다는 소식을 접하고 놋대접 2개와 동반 1개를 들고 찾아와 10여 년간 내지 못했던 신공을 대신하고 있다. 즉 많은 수의 노비들이 흩어져 버려 일부의 노비는 도망가고, 납공노비의 경우 신공을 내지 않은 경우도 적지 않으며, 노비문기조차 제대로 보존되지 못한 상태였던 것이다.

유희춘이 재출사하게 되면서 노비는 여러 가지 방법으로 증식되었다. 노비 증식 방도의 하나로 매득을 들 수 있다. 『미암일기』에는 노비 매득에 관한 기록이 보이지 않는다. 그러나 유경렴분재기에는 전체 노비 56명 중 7명이(12.5%) 매득 노비인 것으로 나타난다. 허수許守(34세)·시월十月(33세)·도을진道乙眞(34세)·어여명於如明(32세)·남손南孫(19세)·백은비白隱非(55세)·원례元禮(44

세)가 그들이다. 유희춘이 이들을 언제 사들였는지는 알 수 없지만 유경렴분재기가 유희춘 사후 5년이 지나지 않은 시기에 작성된 것이므로 이들은 유희춘 대에 매득한 것으로 보아도 별 문제가 없을 것이다.

상속은 선대의 현달 여부와 혼인 등에 의해 제한을 받기 마련이었으며, 노비 매매도 그리 일반적인 것은 아니었다. 따라서 양반가 노비 증식의 가장 일반적인 방식은 양천교혼良賤交婚이라고 하겠다. 양인과 천인이 혼인하게 되면 그 소생의 신분 귀속 문제는 국가와 노비 소유자의 상반된 이해관계로 언제나 관심의 대상이 되고 있었다. 1573년(선조 6) 12월에도 이러한 논의는 재개된다. 주강晝講이 끝나고 도승지 등이 천부양처의 자식을 양인이 되게 함이 편치 않다고 아뢰자, 당시 유희춘을 비롯한 대신들은 의논하여 단자를 올리기를 "자식이 아비를 놔두고 어미를 따를 수는 없고 천인賤人이 까닭 없이 양인良人이 될 수 없는 것이니, 『대명률』의 양천불혼良賤不婚에 의한다면 양족良族이 천족賤族에 들어가는 것을 막을 수 있어 양정良丁이 점차 늘어나게 되고 군액軍額에도 보탬이 된다"라고[137] 하였던 것이다. 즉 『대명률』에 의거하여 양천교혼 자체를 금하자는 것이다. 그러나 이는 양천교혼이 확대되어 양인이 점차 침식되는 것을 방지하려는 대책이 아니라 사실상 시행이 불가능한 양천불혼을 고

수하려는 원칙론에 불과하였다. 이는 노비를 증식하려는 양반의 이해관계를 대변하는 것이다.

유희춘가 소유의 노비 중 어느 정도가 양천교혼을 하였는지 알 수 없지만 유경렴분재기를 통해 볼 때 노 한양漢陽이 양녀와의 사이에 노 무적茂商을, 노 세공細工이 양녀와의 사이에 비 윤대潤代를 두고 있었다.

유희춘은 비의 생산에도 상당한 관심을 기울이고 있었다.

> ㉠ 비 이대李臺가 축시(밤 1-3시)에 남아를 낳았는데 정월이니 일년의 경사이다.[138]
> ㉡ 인정[人定(밤 2시)] 후에 시월十月이 해산을 했는데 딸이다.[139]

비 이대와 시월이 아들과 딸을 출산하였는데, 이들은 아비의 신분에 관계없이 종모법從母法에 의해 유희춘의 소유가 되므로 이를 '일 년의 경사이다'라고 기뻐하고 있다.

이밖에도 유희춘은 비부婢夫를 자신의 노와 다름없이 사환시키고 있었다. 여기서 비부는 비의 남편이다. 이는 유희춘의 누이·동생·첩·사위도 마찬가지였던 것으로 나타난다. 이것이 양천교혼을 확대하려는 또 다른 이유인 것이다. 노비를 양인과

혼인시키면 그들의 배우자를 부리는 것도 가능하였다. 여기에
는 비부의 이해관계도 반영된 것으로 보이는데, 권세 있는 양반
가에 의탁해 살아가는 것이 일반 양인으로 살아가는 것보다 여
러 가지 면에서 유리하였던 것이다. 『미암일기』에서 확인되는
비부는 다음과 같다.

> 유희춘가: 광청廣靑·건리동件里同·어둔於屯(의금의 남편)·설
> 명薛明(부용의 남편)·춘세春世
> 유희춘의 첩가: 운학雲鶴
> 오자가(큰누이): 조세趙世·임개동林介同
> 한매가(작은누이): 율손律孫 외 2명
> 유영춘가柳榮春家(4촌 동생): 서희徐喜
> 윤관중가尹寬中家(사위): 임석林石

이들은 그들이 담당해야 할 국역을 지지 않고, 대신에 유희
춘과 그의 친인척 집안에서 그들의 노와 다름없이 사환되었다.

> ㉠ 오자가 노 개동介同을 보내왔다. 법사法司에 올려 관
> 손寬孫의 무고誣告를 변명하여 바로잡게 하기 위해서
> 이다.[140]

ⓛ 오자 댁 비부 개동이 편지를 받아 내려갔다. 진원·
나주·해남의 세 가족에게 보낸 것이다.[141]

ⓒ 사헌부가 좌기坐起하여 오자댁 노 개동이 올린 소지
所志를 헌부에서 받아 지평 유주柳濤에게 주었다고 서리
주수천朱壽千이 나에게 말했다. 이제 개동은 할 일이 없
으니 내일 돌려보내고자 한다.[142]

위의 자료는 큰누이의 비부 임개동林介同과 관련된 것이다.
여기서 유희춘은 누이의 비부 임개동을 노 개동으로 부르며 노
와 다름없이 사환시키고 있다. 이들의 사환은 결국 국역을 침식
하는 결과를 초래하여 여러 차례 문제가 되고 있다. 그러자 유
희춘의 친인척들은 고위직에 있는 유희춘의 힘을 빌려 비부들
의 피역 방도를 찾게 된다.

㉠ 내가 누이동생이 청한 비부의 오가五家의 역역役을 면
해 줄 것과 한온韓溫과 권금權今의 은어를 잡아 올리는
일을 부윤과 판관에게 감해 줄 것을 청했더니, 모두 허
락했다.[143]

ⓛ 남원 부사가 어제 나의 부탁으로 인하여 한온韓溫
과 누이의 집 비부 등 3명을 통기統記에서 제외시켜 주

었다.[144]

유희춘은 1569년(선조 2) 선대를 산소를 살피기 위해 귀향하던 길에 남원에 들르게 된다. 그는 마침 순행 중이던 전라감사 정종영鄭宗榮을 만나 남원부사와 판관으로부터 융숭한 대접을 받게 된다. 그리고는 남원부사와 판관에게 남원에 사는 누이 한 매가 비부의 면역을 요청하게 된 것이다. 그러자 남원부사는 다음 날로 이를 실행시키고 있다.

1573년(선조 6) 전라도에 파견된 군적경차관 노직盧稙은 양반가에서 소유하고 있는 수노首奴·비부·고공雇工의 명부를 별도로 성책하였다.

군적경차관 노직이 각 집의 수노와 비부婢夫·고공 중에 스스로 원하는 자를 성책하게 하기에, 우리 노 석정石丁이 김수련金守連·김만수金萬守 2명을 데리고 스스로 성주의 치부책에 넣게 했다고 한다.[145]

여기서 전라도로 파견된 군적경차관 노직이 어떠한 이유로 양반가에서 사환되고 있는 수노·비부·고공을 따로 성책하고 있는지는 알 수 없다. 이것이 군적 정비의 일환인지 아니면 전

라도에서만 행해지던 변통인지는 확인할 수 없다. 어쨌든 유희
춘가에서는 수노 석정과 고공 김수련·김만수가 이 명부에 이름
을 올렸다.

노비의 증식 못지않게 중요한 것이 노비의 관리이다. 이들
노비의 도망과 이탈을 방지하기 위해서는 추쇄推刷가 필요하였
다. 여기에서 개인이 지니고 있는 영향력에 따라 그 결과에 많
은 차이가 나게 마련이다. 외방에 거주하고 있는 노비를 완호完
護하고, 제 때에 신공을 거두기 위해서는 적절한 추쇄가 필요하
였다. 특히 양반가에서는 재산상속과 호적의 작성을 위해 노비
당사자뿐만 아니라 그들의 부모와 자식의 성명·나이·신분(양천
여부) 등을 적어 두고 이들의 동향을 수시로 파악하였다. 이를 위
해서는 노비가 거주하는 군현의 지방관 도움을 받는 것이 가장
효율적이었다. 해당 지방관의 감시 아래 두는 것이 노비의 도
망과 이탈을 예방할 수 있는 효과적인 방법인 것이다. 그러므로
주인과 해당 지방관과의 친분 여부는 노비 추쇄의 주요 변수로
작용한다. 그러나 그것이 여의치 못할 경우에는 영향력을 지닌
인물의 도움을 받는 수밖에 없다. 이러한 기록은 『미암일기』에
상당히 많이 나타나는데, 그 일부를 제시하면 다음과 같다.

　㉠ 참판 윤의중尹毅中이 내방했다. 내가 충주 이정현李

廷顯의 아들을 구해 달라고 청했는데, 상전을 배반한 노를 잡으려고 했다가 도둑놈을 만나 두들겨 맞았다는 것이다. 윤공이 알았다고 했다.[146]

ⓛ 중묵仲黙 형이 편지를 보내왔다. 전일에 노비를 추쇄하여 잡아들이는 일로 평안감사에게 편지를 써 달라고 하였는데, 내가 응하지 않자 화를 내고 꾸짖어 나무랐다.[147]

ⓒ 또 성주星州 여지수呂之秀가 일찍이 감사 권응창權應昌을 따라 호남에 와서 김제金堤에 사는 우리 한매韓妹의 두 비婢를 빼앗아 갔다. 최도사崔都事가 답하여 빠른 시일 내에 되돌려 보내겠다고 한다.[148]

ⓔ 성천수成天授가 찾아왔기에, 내가 완노頑奴를 잡아 달라고 경기감사에게 편지를 썼다.[149]

ⓜ 변양중邊養中이 노비추쇄를 위해 호남에 왔으므로, 내가 부안현감과 남평현령에게 편지를 써 주었다.[150]

자료 ㉠을 통해 아무런 연고 없이 노비 추쇄를 하려다가는 봉변을 당할 수도 있다는 사실을 알 수 있다. 이정현李廷縣의 아들이 주인을 배반하고 도망친 노를 잡으러 갔다가 도둑놈을 만나 두들겨 맞는 일이 벌어졌다. ⓛ·ⓔ·ⓜ은 친인척이나 지인이 유희춘에게 노비 추쇄를 위해 편지를 청하는 것이다. 중묵仲黙 형은 나사훤羅士煊으로 유희춘의 이종형제이다. 그가 노비 추쇄를 위해 평안감사에게 편지를 써 달라고 하였으나 유희춘이 들어 주지 않자 화를 내며 꾸짖고 있다. 이에 유희춘이 부채 하나를 보내며 사과하였다. ⓒ은 남원 누이 집의 노비 추쇄와 관련된 기록이다. 그 연유는 알 수 없으나 경상도 성주에 사는 여지수는 경상감사 권응창을 따라와서 김제에 사는 누이의 비 2명을 빼앗아 갔다. 그러자 유희춘은 전라도사에게 이 사실을 알리고 빠른 시일 내에 돌려보낼 것을 명하였다. 이와 같이 유희춘은 친인척의 노비 추쇄에 상당한 영향력을 행사하고 있었다.

이러한 모습은 해남의 율생律生 하관손許寬孫과의 송사에서도 확인된다.[151] 이 송사는 유희춘의 재출사 직후 누이 오자가 허관손을 상대로 사헌부에 정소하게 됨에 따라 재연되는데[152] 이때 유희춘은 누이를 대신해 쟁송에 응하고 있다.[153]

유희춘은 사헌부에 계를 올려 자신의 입장을 피력하고 있다. 이 송사는 노 보남甫南의 소유권을 둘러싸고 시작되는데, 이 송사의 관건은 유희춘의 외증조부 차헌車軒의 첩의 자식 보남의 보충대 입속 여부였다. 허관손許寬孫은 보충대 입속 사실을 통해 그의 처자가 양인이라는 사실을 확인받기 원했고, 유희춘은 그 반대의 입장에 있었다. 차보남의 보충대 입속 사실이 확인되지 않으면 허관손의 처자는 모두 오자의 노비로 전락할 처지에 놓여 있었다. 그러므로 허관손은 어려운 송사이지만 끝까지 끌 수밖에 없었다.

차보남 측에서는 자신의 보충대 입속이 확실하니 속량되는 것은 당연하다고 생각하였을 것이다. 그러나 실제로는 차헌車軒의 딸(정귀감의 어머니)→정귀감의 딸(최보의 처)→최보의 딸(유희춘의 어머니)→유계린의 딸(유희춘의 누이)에게로 대를 이어 상속되었다. 초기에는 첩의 자식이기는 하여도 핏줄이라는 의식 때문에 잡아들이지 못하지만 시간이 지나면서 그러한 혈연 의식은 약해지게 마련이었다. 그리하여 유희춘의 어머니 최씨는 1544년(중종 39) 이들을 노비로 입안하기에 이른다. 굳이 따지자면 수청水淸은 최씨의 7촌 숙모였다. 그러자 수청은 화를 이기지 못하여 최씨에게 욕을 하며 달려들었고, 최씨는 이에 격분하여 죽을 때까지 그 분을 삭이지 못하였다. 이제 감정적인 문제까지 더해져서 유희춘가에서도 이 송사에서 꼭 이겨야 한다고 생각하게 되었다.

이 송사는 자손대로 넘어가 수청의 사위 허관손許寬孫과 유희춘의 누이 오자吳姉로 이어졌다. 1551년(명종 6)에는 허관손이 승소하여 그의 처자들은 일시 면천되기도 하였으나 1565년(명종 20)에는 패소하여 다시 노비로 입안되었다. 그러자 1568년(선조 1)에 허관손이 다시 정소하게 된 것이다. 이에 유희춘이 누이를 대신하여 이 쟁송에 응하게 된 것이다. 유희춘은 이때 심기가 몹시 불편하였던지 홍문관에 있으면서 도량이 좁고 간사한 사람의 소장에 오르내림이 극히 편치 않다며 체직을 요청하기도 한다.

결국 이 소송에서 유희춘은 승소하게 된다. 즉 차보남의 속신입안贖身立案은 찾을 수 없지만 최씨가의 분재기分財記와 호적대장에서는 최보남이 확인된다는 이유에서였다.[154] 그러나 이해 8월 내방한 사헌부 관리가 병조에 입거한 사실을 확인하니 보남이 보충대에 입거한 사실을 믿을 만하다고 한 것을 보면[155] 보남의 보충대 입거는 사실이었던 것으로 보인다. 그렇다면 이 쟁송은 유희춘이 그의 관직을 이용하여 법을 어기고 청탁하여 천인으로 삼았다는 허관손의 주장과 크게 다르지 않았다.

이 쟁송에서 유희춘가는 여러 차례 승패를 거듭하게 되는데, 이는 유희춘의 정치적 부침과 맥을 같이하는 것으로 나타난다. 관직에 있어 영향력을 행사할 수 있을 때는 승소하고, 유배중이거나 정치적으로 불리한 입장이었을 때는 패소하는 것으로 나타난다. 즉 1544년 유희춘이 무장현감이었을 때, 1565년 유희춘이 종성에서 은진으로 중도양이 되었을 때, 그리고 유희춘이 해배되어 재출사한 시기에는 승소하였고, 1551년 유희춘이 종성에 유배되어 있던 시기에는 패소하였다.

　이상에서와 같이 유희춘은 상속·별급 등을 통해 노비를 소유하였지만 20여 년의 유배생활로 노비의 관리 상태가 허술할 수밖에 없었다. 그러나 유희춘이 재출사하게 되면서 상황은 바뀌게 된다. 유희춘은 그의 영향력을 이용하여 노비를 매득하고, 양천교혼을 확대하여 노비를 증식하였다. 그리고 이들 노비 이외에 비부를 그의 노비와 다름없이 사환시켰는데, 이는 그가 관직을 배경으로 이들을 쉽게 면역시킬 수 있었기 때문이다. 관직은 유희춘이 노비를 좀 더 효율적으로 관리할 수 있는 배경이 되어 도망 노비의 추쇄와 노비의 쟁송에서 보다 유리한 입장이 되었다. 그리하여 그의 말년에 100여 명의 노비를 소유하게 되었다.

노비 사환 방식

　유희춘가에서 사환되고 있던 노비 중 『미암일기』에서 이름을 확인할 수 있는 노비는 다음과 같다.

　「노」 계복繼福·귀학貴鶴·남이南伊·내은內隱·단정端正·대근

大斤·대공大工·돌공乭工·말똥馬乙同·막동莫同·말석末石·망종芒種·몽고리夢古里·몽근夢斤(勤)·무적茂迪·방원생房原生·병진丙辰·백진白進·분석粉石·붕세朋世·석산石山·석견石堅·석이石伊·석정石丁(鼎)·순수順受·억정億丁·연부連阜·영수永守·오석梧石·원목元木·윤손尹孫·와석臥石·이부李阜·일석一石·일산一山·점손點孫·진이眞伊·천근千斤·천리千里·치산致山·풍손風孫·필동必同·탕근湯斤(勤)·한복漢福·한수漢壽(守)·한양漢陽·한풍漢豊(風)·허수許壽

「비」 강아적强阿赤·계비戒非·구화九花·금향金香·단화丹花·담덕淡德·돌금乭今·막덕莫德·만화萬非·말덕末德·말이末伊·백은비白隱非·백물비白勿非·부용芙蓉·분향焚香·복수福壽·돌진乭眞·설매雪梅·순지順之·시월十月·옥매玉梅·옥지玉枝·유지有之·이덕李德·이대李臺·이비李非·죽매竹梅

　노는 49명이고 비는 27명이다. 1576년(선조 9) 유희춘가의 노비가 100여 명이었으므로[156] 약 76%의 이름이 확인된 것이다. 최근에 이들 사노비를 새롭게 구분하고 있는데, 『일기』에 나타나는 노비들의 사환 모습을 통해 잠정적으로 사환노비와 납공노비로 구분하기로 한다. 여기서 사환노비란 유희춘의 집과 토지가 있는 해남과 담양 인근에서 유희춘가의 농토를 경작하면서 유희춘가의 대소사에 동원되는 노비를 말하고, 납공노비란 거주에 관계없이 신공만을 바치는 노비를 일컫는다.

그러면 이들 노비 중 사환노비와 납공노비의 비율은 어느 정도의 비중을 차지할까. 김제에 사는 말똥과 마덕이,[157] 진주에 사는 돌진의 아비,[158] 돌공,[159] 개성에 사는 한 명의 노비가[160] 납공노비였던 것으로 보인다. 납공노비는 76명 중 5명에 불과한 것으로 나타난다. 납공노비가 유희춘가에서 사환되고 있지 않아 『미암일기』에 등장할 기회가 적다는 점을 감안하면 이름이 확인되지 않은 노비 중에 상당수를 차지할 것으로 생각된다. 그래도 납공노비의 수는 사환노비에 비해 절대적으로 적다.

다음의 자료를 통해 납공노비들이 어느 정도의 신공을 납부하고 있었는지를 짐작해 볼 수 있다.

> ㉠ 노 내은석內隱石이 개성부에서 돌아왔다. 유기주발 2개와 동쟁반 1개를 10년 신공을 내지 않은 것에 대한 대가로 바친다기에, 내가 웃으며 받았다.[161]
> ㉡ 돌공乭工이란 놈이 전날에 신공으로 면포 필을 가지고 여기에 왔으나, 나타나지 않고 도망가 버렸다. 오늘 내가 잡아다가 볼기를 때렸다.[162]

개성부의 내은석은 10년 동안의 신공으로 유기 주발 2개와 동 쟁반 1개를 바쳤다. 이는 유희춘이 해배된 이후의 기록이므로 정당한 것이라고 할 수 없다. 이는 10여 년간의 신공으로 급하게 마련한 것으로 보인다. 돌공은 신공으로 면포 필을 가지고 왔다. 그러나 유희춘을 찾아보지도 않고 도망간 것으로 보아 이는 실제 바쳐야 할 것과는 차이가 컸을 것으로 보인다. 당시 유희춘이 첩 무자戊子와 얼녀 해성海成이 백미 10말 정도의 신공을 바치고 있었으므로[163] 유희춘도 이 정도의 신공을 수취하였을 것으로 여겨진다. 백미 5말이 5승목 1필로 상환되고 있었으므로[164] 이는 면포 2필에 해당되는 것이다. 당시 유희춘은 공노비로부터 선상가選上價 8필, 일반 양인으로부터 보병가步兵價 12필, 그리고 반인伴人으로부터 신공 12필을 수취하고 있었다. 따라서 노비의 신공은 상대적으로 규모가 크지 않다는 사실을 알 수 있다.

다음은 이들 노비들의 사환 실태를 살펴보도록 하겠다. 유희춘은 노를 '해남노'·'담양노'라고 부르는데 이는 그들의 거주지에 따른 호칭으로 보인다. 유희춘의 본가는 해남이었고, 처가가 담양이었으므로 이들 노비도 대체로 이 지역을 중심으로 거주하고 있었을 것이라 생각된다. 그러나 이들이 토지의 경작에만 종사하는 것이 아니라 유희춘가의 대소사에도 동원되고 있었다. 즉 유희춘가의 경작자인 석정·막동·필동 등도 혼인·집 짓기·제사 등 유희춘가의 대소사에 수시로 동원되고 있었기 때 문이다. 그러므로 단순히 주거만을 기준으로 솔거와 외거로 구 분하는 것은 무의미하다고 하겠다.

이 노비들은 각자의 능력과 여건에 따라 역할을 달리했던 것으로 보인다. 즉 농사와 가사 전반을 관리하는 수노가 있었 고, 옆에서 시중을 드는 안전 사환노비도 있었으며, 부업일을 담당하는 취비, 바느질을 담당하는 침비, 땔감을 해 오는 초노 가 있었다. 그밖에 운송수단인 말을 관리하는 노가 있었고 또한 가직비家直婢라 하여 집을 지키는 비도 있었다.

유희춘은 관직 생활을 하는 동안 서울에 집을 소유하지 못 하여 남의 집을 전전하고 있었다. 따라서 이들 노비도 유희춘을 따라 상경하였다가 다시 귀향하게 된다.

ㄱ 듣자 하니 부인이 봉세朋世·천공大工·옥석玉石·남이南 伊를 상경하는 노로 삼는다고 하나 나는 한풍漢風을 더 데리고 가고 싶다. 또 비는 유지有之·백은비白隱非로 정 했는데 백은비는 느리고 둔해 두 비의 역役이 모자라니 바꿔야겠다.[165]

ㄴ 해남노 계복繼福과 한복漢福이 또 왔다. 내가 몽고리

夢古里를 이곳에 머무르라고 했다. 그 나머지 노는 올라 간다. 노 한양漢陽·계복繼福·한복漢福은 상경한다고 했 다.[166]

ⓒ 노 오석梧石이 그 어미의 생계를 위해 돌아갈 것을 청하기에, 그렇게 하라고 했다.[167]

유희춘은 대체로 노 3-4명과 비 2-3명을 상경시켜 사환했 다. 노는 오석·봉세·대공·몽근·한양·한풍·계복·한복 중에서 그리고 비는 유지·옥지·백은비·돌진 중에서 선택되었던 것으 로 보인다. 이는 주로 부인 송씨가 결정하는데 노비들의 형편 과 사정을 감안하여 결정하였던 것으로 보인다. 유희춘은 좀 더 많은 인원을 데려가기 원하였으나 형편은 여의치 못하였다. ⓒ에서와 같이 상경하여 사환되던 노비도 사정이 있을 경우에 는 귀향할 수 있었던 것으로 보인다. 이들은 상경하게 되면 근 거지를 떠나 오랜 기간 가내 사환에만 동원되었기 때문에 그리 좋아하지는 않았던 것으로 보인다.

아무튼 이들 노비는 상경하여 노는 경향 간의 연락·녹봉 수 록·호행護行·말 관리·땔감하기 등에, 그리고 비는 집안일·부엌 일·바느질·제수 준비·빨래·가까운 거리의 잔심부름 등에 종사 하게 된다. 주목되는 사실은 이들 상경 노비에게 일정한 삭료가 지급되었다는 사실이다.

> ㉠ 노비에게 삭료를 지급하였는데 비는 쌀 3말이고, 노
> 는 쌀 5말씩이다.[168]
> ㉡ 노비에게 삭료를 지급했는데 3명의 노에게는 각각
> 5말을 2명의 비에는 각각 3말씩이다.[169]
> ㉢ 노비에게 삭료를 지급했는데 3명의 노에게는 각각
> 5말을 비에는 각각 3말씩이다.[170]
> ㉣ 3명의 노에게 쌀 각 5말과 팥 1말씩을 2명의 비에게
> 는 각각 쌀 3말씩을 주었다.[171]

『미암일기』에서 확인되는 노비 삭료 지급 기록은 위의 4건
뿐이다. 유희춘이 노에게 쌀 5말, 비에게는 쌀 3말씩을 일정하
게 지급한 사실로 미루어 매달 지급한 것이라 하겠다. 어떠한
이유로 자신이 소유한 노비에게 삭료를 지급했는지에 대한 의
문은 쉽게 풀리지 않는다. 그런데 위의 자료가 나오는 시기가
모두 유희춘이 상경하여 생활하던 때이고, 삭료의 지급이 대체
로 녹봉의 수록 시기와 일치한다는 사실을 통해 이러한 삭료가
모든 노비에게 지급되는 것이 아니라 상경하여 생활하던 일부
의 노비에게만 지급되고 있다는 사실을 확인할 수 있다. 이들

상경노비에게 삭료가 지급된 것은 이들이 경작지가 소재하지 않은 서울에서 가족과 떨어져 가내 사환에만 동원되었기 때문이다.[172] 그렇다면 향리에 있는 노비들도 주가에 의해 일방적으로 사역되는 것이 아니라 그에 상응하는 대가를 지급 받았을 것으로 보인다.

물론 유희춘을 비롯한 양반들은 존비尊卑를 구분하는 철저한 신분의식을 가지고 있었다. 이는 유희춘의 외손녀 은우恩遇의 다음과 같은 행동에서 잘 나타난다.

> 외손녀 은우恩愚의 영특함이 남달라 함께 놀던 어린비 말덕末德이 손가락을 다쳐 울자 옆에 있던 소비小婢 죽매竹梅가 말하길 "아기씨는 어찌 같이 울지 않습니까?" 하자 은우가 말하길 "만일 어머니가 우신다면 내가 당연히 울어야 겠으나 비가 우는데 어찌 같이 울겠느냐?" 하였다 한다. 친소존비親疎尊卑의 구분을 분별할 줄 알아 식견이 높은 것이 보통이 아니니 어찌 기특하지 않겠는가.[173]

은우는 유희춘의 외손녀로 영특한 아이였다. 그럼에도 불구하고 "만일 어머니가 우신다면 나도 당연히 울어야 하겠지만 비가 우는데 어찌 같이 울겠느냐!" 하며 친소·존비를 구분하고 있는 것이다. 이들은 어렸을 때부터 교육을 통해 존비가 서로 구분된다는 생각을 지니게 되었을 것이다.

유희춘은 노비를 다스림에 있어 '공명구립公明俱立 은위병행恩威並行'의 방법으로 통제를 하였다.[174]

1) 함께 담소하지 않는다.

2) 그 개인 물건을 빼앗지 않는다.

3) 하지 못하는 것을 분명히 한다.

4) 까다롭게 살피는 것을 일삼지 않는다.

5) 죄가 드러나지 않으면 때로 포용한다.

6) 죄가 이미 드러났으면 태와 장을 적절히 친다.

7) 죄를 자백하고 사실을 아뢰는 자는 죄를 줄인다.

8) 근거 없는 말로 죄를 남에게 전가하는 자는 죄를 더한다.

9) 공이 있는 자는 재물과 의복으로 상을 준다.

10) 수고함이 있는 자는 음식으로 상을 준다.

11) 지나치게 상을 주면 자기들끼리 질투하고 원망하니 살피지 않을 수 없다.

12) 서로 싸우는 자는 이치의 맞고 틀린 것과 다친 정

도의 경중을 헤아려 죄를 결정한다.

13) 상대방을 미워하여 주인에게 꾸며서 아뢴 자는 죄를 준다.

14) 대요는 공명구립과 은위병행이다.

즉 「정훈庭訓」에 실려 있는 부친의 교훈을 실제 생활에 실천하고자 한 것으로 보인다.[175] 유희춘은 자신의 노비들에게 여러 가지 온정적 은혜를 베풀었다. 이들 노비에게는 때때로 면포와 가죽을 주어 의복을 장만하게 하여 주었다.[176]

또한 노비에게 공이 있거나 심부름하는 등의 수고함이 있을 경우 현물로써 그 대가를 치렀다. 이러한 기록은 『미암일기』에 많이 나타나는데 일부를 제시하면 다음과 같다.

㉠ 모재慕齋 김상공 댁의 노 감손甘孫은 일찍이 상공相公을 위하여 제사를 지냈던 자인데 장단長湍까지 따라간다고 왔다. 내가 백미 1말을 주었다.[177]

㉡ 노비 중에 옛 적에 공이 있던 자에게 모두 상을 주었다.[178]

㉢ 박난정朴蘭榮의 노가 메주 만들 콩 20말을 받아갔다. 따로 콩 1말을 수고의 대가로 주었다.[179]

ⓡ 사방으로 얼음을 구해도 얻지 못했는데 노 옥석玉石
이 다행히 내빙고직內氷庫直으로부터 1덩이를 얻어 왔
다. 기뻐서 상으로 부채와 쌀을 주었다.[180]

　유희춘은 해배되자 노비들을 시켜 장단에 있는 스승 김안국
金安國의 묘에 제사를 지내고 있다. 그때 김안국의 노 감손甘孫이
길 안내를 하기 위해 따라왔는데, 그가 이전에도 김안국의 제사
를 지냈던 사실을 기억하고 쌀 1말을 주었다. ⓒ에서와 같이 박
난정의 노가 유희춘에게 와서 메주 콩 20말을 받아 가자 따로
1말을 마련하여 지급하였다. 또한 사방으로 얼음을 구해도 얻
지 못했는데 마침 옥석이 내빙고직에게 청해 얼음 한 덩이를 얻
어 오자 상으로 부채와 쌀을 주었다. 당시 얼음은 음식을 상하
지 않기 위해서도 필요하지만 옷감에 쪽물을 들이는 데 있어서
는 반드시 필요하였다. 옥석은 유희춘가에 입역하던 구종丘從으
로 내빙고직과 면식이 있었던 것으로 보인다.
　또한 유희춘은 노비들과 특별한 인연이 있었거나 감회가 있
을 경우 그 사연을 기술하고 그 마음을 현물로써 표현하였다.

　　ⓖ 연지동 이정랑댁李正郎宅의 비 막덕莫德이 그 주인의
　　명을 받아 인사차 왔는데, 옛날 습지習之를 따라 갑산甲

山에 왔던 자이다. 내가 백미白米 1말을 주었다.[181]

ⓛ 듣자 하니 오자댁吳姊宅의 늙은 비 강아지强阿只가 죽었다고 한다. 나이는 71세이다. 젊었을 때 어린 나를 업어 주었던 자이다. 마땅히 부조를 해야겠다.[182]

ⓒ 석정石丁은 주인을 위한 일에 정성을 다하고 거짓을 꾸미는 일이 없다. 부인이 1571년(선조 4) 해남에서 병에 걸렸을 때 마음을 다해 구호했다. 우리 부부가 특별히 먹을 것을 주었고, 부인이 포 반 필을 그리고 내가 붓과 먹을 주었다. 석정이 고마워서 울먹였다.[183]

ⓡ 포 3자 반을 늙은 비 응이應伊에게 주었다. 가문의 오래된 비이기 때문이다.[184]

즉, 이정랑댁 비 막덕莫德이 유희춘의 유배지인 갑산까지 왔던 것을 기억하며 그를 만나자 백미 1말을 지급하였으며, 해남의 큰누이에게 상속된 늙은 비 강아지强阿只가 죽었다는 사실을 알고 어렸을 때 업어 주었던 정을 생각하여 부조를 하였다. 또한 석정이 1571년 부인이 병에 걸렸을 때 진심으로 구호하였기에 유희춘 내외가 음식과 포와 필묵 등을 지급하였다. 또한 비 응이應伊는 이종인 나주 나씨 가문에 상속된 비인데 가문의 오래된 비라 하여 포 3자 반을 주었다. 유희춘은 노비가 병이 났을 때 관심을 기울여 치료에 힘썼다.

㉠ 노 옥석玉石이 감기가 들어 배가 아프다고 하고 기가 막힌다 하기에 급히 소합원蘇合元을 먹였더니 나았다. 아침에 의원 김언봉金彦鳳이 와서 옥석을 살폈는데, 맥이 순하니 나을 것이라고 했다.[185]

㉡ 노 옥석이 풍에 걸려 아파 누웠다. 집안 식구들이 살리려고 애쓰고 있다. 김언봉이 와서 진맥하고는 치료할 수 있다고 한다.[186]

㉢ 어린 비 돌금乭今이 딸의 방을 지키다가 깜박 졸다가 정원으로 굴러떨어지는 바람에 머리를 장독에 부닥쳐 깨졌다. 모든 식구들이 놀랐다.[187]

㉣ 비 이대李臺가 홍역에 걸린 지가 이미 6일이 지났다.[188]

㉤ 의원 심안신沈安信이 왔기에, 내가 비 담덕淡德의 핵결核結을 살피게 하였다. 심이 썩을 수가 있다고 하면서 그 약을 가지고 있는 사람이 동대문 밖에 있다고 한다.[189]

유희춘은 노비의 질병에 상당한 관심을 보이며, 이를 치료해 주고자 하였다. 노 옥석이 독감에 걸리자 소합환을 먹인 뒤에 의원을 불러 치료하게 하였다. 그 후 옥석이 다시 풍으로 앓아 눕자 온 집안 식구들이 안타깝게 여기며 의원을 불러 치료하게 하였다. 또한 어린 비 돌금이 딸의 방을 직숙하다 떨어져 머리가 깨지자 식구들이 모두 놀라워하고 있다. 비 담덕이 핵결核結이 생기자 의원을 불러 살피게 하였다. 이는 노동력의 상실을 우려한 측면도 없지 않지만 노비에 대한 인간적인 배려라고 보아야 할 것이다.

유희춘은 노비들의 사정을 살펴 그들에게 여러 가지 편의를 제공해 주었다.

> ㉠ 노 오석梧石이 그 어미의 생계를 위해 돌아갈 것을 청하기에, 그렇게 하라고 했다.[190]
> ㉡ 노 천리千里가 지난해 8월 20일에 종성에 도착해 그 어미를 만났다. 그 어미가 이미 병이 들었으나 만나 보고 기뻐했다. 9월 3일에 이르러 죽었다. 천리가 간 것은 우리 부부가 갈 것을 권했기 때문이다. 죽어 갈 무렵 만나서 임종을 할 수 있었으니 이것도 큰 행운이다.[191]
> ㉢ 노 몽근夢勤이 말미를 받아 해남으로 돌아갔다.[192]

노비에게도 부모가 있으며, 그들은 따로 떨어져 생활하기도 하였다. 이러한 경우 유희춘은 이들 노비가 자식의 도리를 할 수 있도록 해 주었다. 상경하여 사환되던 노 오석이 그 어미의 생계를 위해 귀향을 청하자 이를 허락하였으며, 노 천리에게는 종성에 사는 그의 어미가 병이 들었다는 소식을 듣고 죽기 전에 만나 볼 수 있게 해 주었다. 사실 노비에 대해 배려를 하면 할수록 그들의 충성은 더 커지게 마련이다. 유희춘이 보다 용이하게 노비를 사환시킬 수 있었던 것도 결국은 이러한 배려와 보살핌 때문이었다.

유희춘가의 대표적인 충성스러운 노는 석정이었다. 그는 주인의 일에 정성을 다하고 속이거나 거짓이 없는 인물로 일정하게 문자 해독이 가능했던 것으로 보인다. 유희춘 내외는 석정이 1571년(선조 4) 부인이 해남에 있으면서 아팠을 때 마음을 다해 구료했던 일을 기억하며 먹을 것과 여러 가지 물품을 내어 주었다. 석정은 유희춘가 농사 전반을 관리하고 유희춘가가 해남과 담양에 집을 지을 때 이를 관리·감독하였다. 또한 유희춘 일가가 모두 상경하여 생활할 때에는 집안의 제사를 봉행하기도 하였다. 당시 집안마다 이 같은 수노 한 명은 있었던 것으로 보인다. 사돈인 김인후金麟厚 집안의 세동世同이 여기에 해당되었다. 이들 충노의 덕목 중 중요한 것은 주인에게 정성을 다하고 속이

지 않는 것이었다. 석정을 가리켜 '주인의 일에 정성을 다하고 거짓으로 속이지 않았다'고 하고[193] 세동을 가리켜 '한 자의 면포도 사사로이 하지 않았다' 하는 말에서 이러한 사실을 확인할 수 있다. 유희춘은 석정이 종성에 와서 아들 경렴의 병을 구제하고, 함경도로 심부름을 와서도 한 자의 면포도 사사로이 취한 적이 없다는 점을 기억하였다. 그러한 의미에서 사돈집 노이지만 우리집 노 석정을 보는 듯한다고 하였다.[194] 사실 이들 노비의 사환과정에서 주인을 속여 물건을 훔치거나 떼어먹는 일은 다반사였기 때문이다.

그러나 유희춘도 항상 배려하고 보살피기만 한 것은 아니었다. 노비에게 잘못이 있을 때에는 엄하게 꾸짖고 매질을 함으로써 잘못을 뉘우치게 하였다.

> ㉠ 오늘 낮에 몽근夢勤과 대공大工에게 태를 쳤다. 이는 어제 수행을 하다가 멋대로 이탈했기 때문이다.[195]
> ㉡ 노 몽근이 풀베기를 싫어하여 성을 내고 오만하게 굴며 불손하기에, 내가 종아리에 40대의 태를 쳤다.[196]
> ㉢ 비 부용芙蓉과 노 대공이 서로 싸워서 내가 다리에 태를 쳤다.[197]
> ㉣ 행랑방 옆에서 불이 나는 바람에 놀랐으나 겨우 껐

다. 조심하지 않은 비에게 태를 쳤다.[198]

ⓜ 노 한풍漢風이 말먹이를 훔쳐 먹는 바람에 흰 총마가 수척해졌다. 여주 리마소理馬所에서 알게 되어 그 죄를 나중에라도 다스리기 위해 정강이와 볼기에 태를 쳤다.[199]

몽근과 대공이 유희춘을 수행하던 중에 함부로 이탈하자 매를 쳤으며, 노 몽근이 풀베기를 싫어하고 성을 내고 불손하게 굴자 매질을 했다. 또 비 부용과 노 대공이 서로 싸우자 정강이에 매질을 했으며, 행랑방 옆에 불이 나자 조심하지 않은 비를 불러 매질을 했다. 또한 노 한풍이 말먹이를 훔쳐 먹는 바람에 말이 수척해졌다는 사실을 안 뒤에 이미 지나간 일임에도 불구하고 정강이와 볼기에 매질을 했다. 즉 유희춘은 노비가 본연의 임무를 충실히 수행하지 않고 거만할 경우 여지 없이 매질을 함으로써 다시는 그러지 못하게 경계하였다. 사실을 나중에 알게 되더라도 밝혀졌으면 처벌을 하였다.

유희춘은 자신의 노비가 주인가의 권세를 빙자하여 방자하게 구는 것을 가장 경계하였다.

노 한수漢守가 항거하고 오랫동안 오지 않기에 그 처를

가두었더니 그때야 왔다. 완악하고 고약한 죄를 다스리기 위해 내가 사랑채로 나가 앉아 태를 40대 치고 또 노자奴子·비부婢夫들에게 이르기를 "세간에 유향소留鄕所의 노들도 오히려 방자하다는 소문이 나도는데 하물며 재상집 노복은 더욱 삼가야 한다. 너희들이 만약 작답作畓할 때 다른 사람들과 더불어 물을 고르게 나누지 않거나 장시에 나가 다른 사람과 같이 이익을 다투는 등 (나의) 권세를 믿고 다른 사람을 침해하는 일을 일체 해서는 안된다. 감히 나의 가르침과 명을 따르지 않으면 볼기에 장杖을 치고 정강이에 태笞를 가할 뿐만 아니라 발바닥도 때릴 것이니 너희들은 각별히 근신하고 삼가라"고 하였다. 노들이 모두 "예 예" 하고 물러갔다.[200]

한수가 오랫동안 항거하고 오지 않자 유희춘은 그의 처를 볼모로 잡아들인 후 욕심이 많고 고집이 센 죄로 태 30대를 쳤다. 그리고는 그의 노와 비부를 모두 모아 놓고 재상가의 노복이라는 사실을 이용하여 논을 경작하는 데 있어서 물을 균등히 나누고 장시에서 다른 사람과 이윤을 다투지 말라고 하고 있다. 당시 노비들이 주인가의 권세를 믿고 다른 사람을 침해해서는 안 된다고 하였다. 유희춘의 가르침과 명을 따르지 않으면 장을 치고 태를 가할 것이니 각별히 근신하고 삼갈 것을 요청하고 있다.

이는 당시 노비들이 주인집의 권세를 믿고 함부로 오만불손한 사례가 만연하였음을 반영한 것이다. 실제 북질구미北叱仇未에 사는 사노 거손巨孫은 배를 가지고 물건을 실으면서 이 배는 유승지댁의 것이라고 하였다. 그래야만 다른 사람보다 물건을 빠르게 실을 수 있다고 생각했을 것이다. 노 한풍을 통해 이러한 사실을 알게 된 유희춘은 곧 해남현감에게 이 사실을 알렸고, 해남현감은 그를 잡아들여 태 40대를 쳤다.[201]

요컨데 유희춘가에서는 100여 구의 노비가 사환되고 있었는데 그중에서 이름을 확인할 수 있는 노비는 노 49명, 비 27명으로 모두 76명이다. 이들 중에서 5명만이 신공을 바치는 납공노비이고, 나머지는 사환노비이다. 사환노비들은 유희춘가의 인근에 살면서 유희춘가의 토지를 경작하는가 하면 집안의 대소사에 동원되었다. 이 중 일부가 상경하여 사환되었는데, 이들에게는 일정한 삭료를 지급하였다.

유희춘은 이들 노비를 집안 대대로 내려오는 「정훈」에 '공명구립 은위병행公明俱立 恩威竝行'의 방식으로 다스렸다. 그는 선대의 유훈을 깊이 새겨 그러한 원칙하에 다스리고자 하였다. 노비가 공이 있을 때는 상을 주고, 아플 때는 의원을 통해 구제하며, 잘못이 있을 때는 엄히 다스렸다. 즉 노비의 사정을 잘 살펴 따듯하게 배려하되 그들의 잘못은 엄히 꾸짖어 뉘우치게 하였던 것이다. 그리고 유희춘은 그의 노비들이 자신의 권세를 믿고 함부로 오만불손하게 구는 것을 가장 경계하였다.

경제생활이 힘든 그의 삶

7

　우리는 양반의 경제생활 및 그들의 경제관념에 대하여 다분
히 추상적으로 생각하는 경향이 있다. 양반이라 하면 으레 이
재에 어둡고, 또 학문이 뛰어난 인물일수록 청렴하였으리라 여
기는 것이다. 선비는 모름지기 학문에만 전념하였고, 빈곤에 개
의치 않고 재리財利를 멀리하였다고 생각하기 때문이다. 그러나
그들도 경제활동의 주체이자 생활인이었다. 주지하다시피 조
선시대는 토지나 노비 이외에 별다른 생산 기반이 없는 사회였
다. 이러한 시대를 살아가기 위해서는 나름의 경제관념이나 경
제의식을 갖지 않을 수 없었다. 양반이 안정적인 경제적 기반을
바탕으로 해야 관직에 몸담고 있어도 출처에 어긋나지 않고 시
종일관 어렵게 나아가고 쉽게 물러나는 태도를 지속적으로 유

지할 수 있는 것이다. 대체로는 학자의 지조와 절개도 안정된 경제기반 위에서만 가능한 것이다.

유희춘은 호남에 근거를 둔 학자형 관직자로 재출사 이후 고위의 청요직을 역임한 당대 최고의 양반 관료라고 할 수 있다. 그는 당대를 대표할 수 있는 성리학자였고 세간에는 청렴하고 세상 물정에 매우 어두운 인물로 인식되었다. 그러면 유희춘이 관직생활을 통해 어느 정도의 수입을 거둬들이고 있는지 살펴보았다.

유희춘은 관직에 대한 대가로 국가로부터 녹봉을 지급받았다. 국가에서는 실직에 따라 18과로 나누어 녹봉을 지급하였다. 녹봉은 관인이 염치를 길러 부정에 빠져들지 않고 청렴하게 관직에 전념하라는 의미에서 국가에서 수취한 쌀 등을 현물 형태로 지급하는 것이다. 고려시대 이래 16세기 중엽까지는 과전科田도 지급되어 상당량의 수조권도 지녔으나 과전의 지급이 중단된 이후로는 녹봉만이 지급되고 있었다. 그러나 16세기 단계에 이미 규정된 양을 수취하는 것이 쉽지 않았다. 흉년이 들었다거나, 중국에서 사신이 와서 왔다는 이유로 감록하는가 하면 아예 하위의 녹을 지급하는 경우도 적지 않았다. 국가에서는 녹봉을 관료들의 처우 내지는 생활 보장이라는 차원에서 지급하였지만, 관료들의 입장은 그렇지 못하였다. 그리하여 유희춘은 박명성의 녹패를 소지하여 그의 녹을 대신 수록하여 유용하기도 하였다. 이것은 불법의 소지가 적지 않으나 그의 불법행위는 한동안 지속되었다. 다음 양반 관료는 진상품을 수취하기도 하였다. 이 진상품은 자신이 속한 중앙 관서와 지방 군현에서 보내왔는데, 이 중에 지방관이 보낸 적은 사적인 것으로 불법의 소지가 적지 않다. 봉여 수수는 수효가 많지 않아 거기에서 경제적 의미를 찾지는 어렵지만 양반 관료가 진상품을 수수함으로써 자신들의 특권 의식을 향유할 수 있었다.

관직자는 관직 생활을 하는 동안 공노비와 일반 양인을 배정받았다. 구종은 관원의 출입시에 편의를 도모하려는 목적에서 지급된 것이다. 이들은 중앙 각사에 소속된 공노비로 유희춘의 실직과 겸직에 따라 해당 관서에서 지급하였다. 구종은 갈도와 교부로 관원의 궁궐 출입에 편의를 제공하려는 것이었다. 그러나 이들의 역할은 거기에 한정된 것이 아니어서 유희춘가의 노와 별 차이 없이 사환되고 있었다. 유희춘은 실직 외에 겸직 관서에서 공노비를 지급받았다. 그는 이들을 입역시키는 대신 그 기관에 속한 공노비와 보병의 대립가를 수취하였는데, 그 규모가 적지 않았다. 겸직이 많을수록 선상·보병가 수취가 증대되어 이것이 녹봉에 비하여 비중이 더 커지기도 하였다. 또한 유희춘은 당상관이 되면서 품반당品伴倘을 지급받았다. 이들 반인은 호위병 명목으로 지급되었지만, 이러한 역할은 구종이 담당하고 있었다. 그러므로 반인은 신공을 바치거나 아니면 다른 사람을 대역시키기도 하였다. 그러한 의미에서 반인은 권세있는 양반가 서얼의 피역처로 활용되기도 하였다.

16세기 양반 관료가 지방관을 비롯한 동료 관인·친인척·문도·지인으로부터 거둬들이는 선물 수수 행위는 일상화되어 있었다. 유희춘은 거둬들인 물품은 그 규모가 상당한 수준에 이르고 있다. 유희춘은 10여 년 동안 2,855회에 걸쳐 선물을 받았는데, 이는 월평균 42회에 달하는 것이다. 선물의 종류는 매우 다양하여 곡물을 비롯하여 면포·의류, 용구류, 문방구류, 치계·포육류, 어패류, 찬물류, 과채류, 견과·약재류, 시초류 등 일상용품에서 사치품까지 망라되었다. 물품의 종류가 다양할 뿐만 아니라 그 양도 상당히 많아 이것만으로도 생활하는 데 어려움이 없을 정도였다. 이러한 물자 중의 일부는 재산 증식과 연결되기도 한다. 선물이 겉으로는 지방관의 자발적인 형태로 나타나나, 이는 기본적으로 물품 수수자 간의 이해관계를 바탕으로 하였다.

선물은 보낸 사람에 따라 그것이 갖는 성격과 의미가 다르다. 비지방관이 보낸 선물이 단순한 예물 형식이라면, 지방관의 선물은 종류가 다양할 뿐만 아니라 규모가 커서 그것이 지니는 경제적 의미가 크다. 유희춘 인근의 지방관들은 집안의 대소사와 가내 사정을 훤히 꿰뚫고 있었다. 그래야만 제때에 필요한 물품을 보내 줄 수 있었기 때문이다. 그러므로 선물로 일족이 먹고살았다고 해도 과언이 아니었다. 선물을 보내는 중요한 배경은 관직이라고 할 수 있다. 유희춘이 고위 현직 관료라는 점이 여러 가지로 영향을 미치고 있었다. 유희춘이 지니고 있는 관직자 천거권이나 이조와 병조 관료들과의 친분이 중요한 배경이 되었다. 그러나 관직으로 모든 것이 설명되지는 않는다. 이들은 이미 다양한 경로를 통해 인간관계를 형성하고 있었다. 자신의 출신기반이나 혼인관계를 통해 이루어진 친족망과 과거·관직 생활·향촌 사회 등을 통한 교유관계가 존재하고 있었다. 결국 이 선물은 개인의 관직, 그리고 그가 지녔던 친족망과 교유관계를 바탕으로 한 '양반 상호 공조의 관행'으로서 녹봉이 의미가 퇴색되어 가던 시기에 양반사회를 존속시키는 방책이었다.

16세기 양반의 선물 수수행위는 상당히 보편화된 경제 운영 체제라 하겠다. 관직을 매개로 한 선물 형태는 지방관이 양반에게 지급하는 것이며, 관직을 배경으로 하고 재원을 지방관아에서 출연한다는 특징이 있다.

양반의 기본적인 경제적 기반은 토지와 노비에 있었다. 이는 관직 진출과 상관없이 대부분의 양반이 보유하게 되는 것이다. 이를 확대하는 방법은 상속·혼인·매득·개간 등의 방식이었다. 혼인도 재산의 증감과 밀접한 관련을 갖는다. 따라서 유희춘은 혼처를 물색하는 과정에서 항상 가산의 유족 여부를 살폈다. 이는 상대편도 마찬가지였던 것으로 보인다. 특히 16세기는 균분상속이 시행되고 있어서, 혼인에 있어 가산이 넉넉한 집과 혼인함으로써 재산을 확대하려는 의식이 강한 편이었다.

유희춘은 토지를 거래함에 손외여타의 금지를 지켜 나갔다. 이는 토지를 거래함에 있어 친가·외가·처가의 범위를 넘어서지 않는다는 의미이다. 이는 조상 대대로 내려온 재산을 타인에게 넘기지 않으려는 지극히 인간적인 의식의 발로인 것이다. 유희춘은 토지확대 방식의 하나로 개간에 집중하였는데, 이는 국가의 적극적인 후원을 바탕으로 하고 있었다. 개간은 구체적으로 언전과 황무지·산림지·소택지 등에서 진행되었다. 유희춘은 언전 개간에 집중하여 해남 일원의 그의 친인척들은 바닷가를 중심으로 개간이 가능한 곳을 물색해 두었다가 유희춘이 향리로 내려오면 개간을 본격적으로 진행시켜 나갔다.

유희춘은 그의 말년에 100여 구의 노비를 소유한 것으로 확인된다. 이들 노비는 상속·매득·양천교혼 등의 방식을 통해 증식되고 있었다. 유희춘은 비의 출산에 상당한 관심을 보였으나 이는 중심적인 방식은 아니었다. 오히려 양천교혼을 강요한 측면이 적지 않다. 유희춘 가에는 5-6명의 비부가 사환되고 있었는데, 이들의 신분은 대부분 양인이었다. 이들 비부의 사환은 국역을 침식하는 결과를 초래하였지만, 유희춘은 군적경차관과의 친분을 활용하여 비부의 피역 방도를 찾아 나섰다.

유희춘가의 노비사환은 공명구립 은위병행이라는 원칙에 기반하고 있었다. 이는 유희춘 집안에서 대대로 전해 내려온 노비 사환 방식이었다. 노비에게 잘못이 있을 경우 엄하게 꾸짖고 매질을 하기도 하지만, 개별적으로 이들이 살아갈 수 있는 방도를 마련해 주고 온정적 은혜를 베풀었다. 유희춘은 노비에 대한 배려와 보살핌을 통해 그들의 충성심을 이끌어 내고자 하였다.

이상을 통해 미암 유희춘의 경우 가계 운용에 매우 적극적이었으며 경제관념 또한 철저하였음을 알 수 있다. 특히나 유희춘에게 있어서 관직은 그 자체가 재산을 증식할 토대가 되었으며, 자신이 가지고 있는 친족망과 교유관계가 경제생활과 직결되고 있었다. 이는 생산 기반이 거의 없는 전통 시대에 양반들이 살아갈 수 있는 방식이었던 것이다.

근대적인 시각으로 볼 때 16세기에 행해진 양반의 경제생활에는 부정적이고 불합리한 측면이 적지 않다. 그들의 생활에서 선물 수수와 위법청탁違法請託은 다반사로 이루어졌다. 그러나 이러한 것들도 전근대 사회의 경제운용 체제에서는 나름대로의 합리성을 갖는 것이다.

유희춘 사환 연보

연령	기간	관직	비고
25세(1537)			생원시
26세(1538)	12-	성균관 학유, 예문관 검열	문과
30세(1542)		세자시강원 설서	
31세(1543)	3-6	홍문관 수찬	
31-33세	1543. 6.-1545. 6.	무장현감	
	6-7	홍문관 수찬	
33세(1545)	7-8	사간원 정언	
	8		을사사화로 파직(향리에 물러나 있음)
35세(1547)	9		양재역벽서사건 제주에 절도안치→함경도 종성에 극변안치
44세(1556)			『속몽구분주(續蒙求分註)』 저술
46세(1558)			충청도 은진으로 중도양이
55세(1567)	10. 12.-10. 30.	성균관 직강	재사환
	10. 30.-12. 20.	홍문관 교리	소분(1567. 11. 16.-1568. 1. 25., 담양·해남·순천)
	1568. 12. 20.-1569. 1. 18.	홍문관 응교	1. 13., 불차탁용(奇大升의 계)
56세(1568)	1. 18.-2. 18.	사헌부 장령	
	2. 18.-3. 5.	홍문관 응교	
	3. 3.-4. 25.	사간원 사간	
	4. 25.-7. 15.	홍문관 응교	
	7. 15.-7. 26.	사헌부 집의	
	7. 26.-8. 6.	홍문관 응교	
	8. 6.-8. 12.	의정부 검상	

	8. 12.-8. 26.	의정부 사인	『명종실록』 편찬 도청낭청
	8. 26.-9. 6.	홍문관 응교	
	9. 6.-11. 5.	전한	『일기』무진 11. 5.-기사 5. 21.(일기결락)
	11. 5.-?	대사성	
	1. 28.-?	승지	
	3. 20.	부호군	
	3. 27.	대사성	
57세(1569)	8. 26.-9. 20.	좌부승지	윤 6. 5. 승문원 부제조
	9. 21.	상호군	
	11. 6.	부제학	가토(1569. 10.-1570. 1. 담양·해남)
	?		1570. 1. 1.-4. 23.(일기결락)
			4. 24., 『국조유선록(國朝儒先錄)』 편찬을 명받음, 『헌근록(獻芹錄)』 진상
58세(1570)	8. 17.-8. 17.	상호군	
	9. 26.-10. 25.	우승지	9. 26. 문소·연은전 제조
			2. 13. 승문원 부제조
	1570. 10. 25-1571. 2. 4.	상호군	가토(1570. 11. 7.-1571. 3. 13. 담양)
	2. 4.-10. 14.	전라감사	3. 5.: 3대 추증
			이원욱(전남원판관) 원방(怨謗)→순행할 때 개인적으로 민간에서 자고 관장(官匠)을 이용하여 집을 지음
59세(1571)	10. 14.-11. 1.	대사헌	가선대부
			11. 7 승문원 제조
			추고로 대사헌 체직
	11. 2.-11. 25.	동지중추부사	추고: 군기 시 제조의 여러 종류의 장인을 뽑아 올리지 못해
	11. 25.	동지의금부사	11. 22. 경연특진관
			1571. 12. 4.-1572. 8.(일기결락)
	9. 17.-9. 20.	부제학	
60세(1572)	9. 20.-9. 27.	예문관 제학	10. 29. 봉상시 제조
			11. 8. 『표해록(漂海錄)』 간행

	1573. 2. 11-3. 7.	대사헌	1. 2. 교서관 제조
	3. 8.-3. 17.	첨지	
	3. 17.-3. 22.	부총관	
	3. 22.-3. 29.	대사헌	(단망으로 체차)
	3. 29.-7. 17.	예조참판	
61세(1573)	7. 17.-7. 22.	동지경연관	
	7. 22.-8. 1.	대사헌	
	8. 2.-8. 26.	동지중추부사	
	8. 26.-9. 5.	부총관	
	9. 5.-9. 5.	한성부 우윤	
	9. 5.-11. 13.	예조참판	
	1573. 11. 13.-1574. 4. 17.	부제학	선조에게 「비위조호식료단자(脾胃調護食療單字)」 진상
	4. 18.-7. 7.	부총관	
62세(1574)	7. 16.-7. 22.	대사헌	
	7. 23.-8. 7.	동지중추부사	
	8. 7.-9. 11.	형조참판	10. 18. 사서오경 구결·언해 상정을 명받음
63세(1575)			
	5. 2.-5. 19.	대사헌	5. 2., 봉상시·교서관 제조
	5. 19.-5. 27.	부호군	5. 19., 양제조 체차
64세(1576)	5. 27.-6. 19.	동지중추부사	6. 10., 창평인 와언(訛言): 질악(質惡) 수령으로부터 뇌물 수수
	6. 19.-9. 11.	부제학	6. 19., 『대학석소(大學釋疏)』 『신증유합(新增類合)』 진상
	9. 11.-10. 11.	첨지중추부사	
	1567. 10. 11.-1577. 3. 2.	동지중추부사	급유(1576.10.-1577. 5., 담양)
65세(1577)	3. 2.-5. 15.	부제학	3. 28. 자헌대부
			5. 15. 졸
1580(선조 13)			찬성으로 추증

* 『미암일기』·『선조실록』·『선조수정실록』 등 기타의 자료에 의하여 작성

주석

1 정연식, 「한국생활사 연구의 현황과 과제─조선시대 생활사 연구를 중심으로」, 『역사와 현실』 72, 2009.

2 정구복, 「朝鮮朝 日記의 資料的 性格」, 『한국정신문화연구』 65, 1996; 염정섭, 「조선시대 일기류 자료의 성격과 분류」, 『역사와 현실』 24, 1997; 황위주, 「조선시대 일기자료의 현황과 활용방안」, 『국역 조선시대 서원일기』, 한국국학진흥원, 2007.
   최은주, 「조선조 일기 자료의 실상과 가치」, 『대동한문학』 30, 2009.

3 『미암일기』 원본은 본래 전라남도 담양군에 소재한 모현관에 보관되었으나 지금은 미암박물관으로 옮겨 보관하고 있다. 이 자료는 1963년에 보물 260호로 지정되었다.

4 『미암일기』는 기관별로 조금씩 남아 있으나, 현재 우리가 사용하는 것은 1938년 조선사편수회에서 간행한 것이다(송재용, 『眉巖日記研究』, 제이앤씨, 2007, 81-104쪽). 최근에는 전라도 곡성의 연운당에서 필사본 일부가 발견되어 『미암일기』를 보완할 필요성이 제기되고 있다(권수용, 「미암(眉巖) 후손 유복삼(柳復三)의 위선(爲先) 활동」, 『국학연구』, 2013. 23.].

5 유희춘의 외조 崔溥는 『표해록』으로 잘 알려진 인물이다. 유희춘은 평생 최보와 처외조인 李仁享을 존신한다고 하였다. 崔溥는 최부가 아니라 최보로 읽는다.

6 『미암일기』 1569년 閏 6월 3일 조, 1576년 9월 28일 조, 1577년 4월 3일 조.

7 李載龒, 「朝鮮前期의 祿俸制」, 『崇田大論文集』 5, 1974; 『朝鮮初期社會構造研究』, 일조각, 1984.

8 『朝鮮經國典』 賦典 祿俸條.

9 『經國大典』에는 "各道의 觀察使·都事·節度使·兩界의 우후·평사는 祿이 있으나 가족을 데리고 간 경우는 감사와 절도사에게 祿이 없다"고 규정되어 있다.

10 『미암일기』 1573년 8월 23일 조.

11 『미암일기』 1568년 4월 23일 조.

12 『미암일기』 1571년 1월 11일 조.

13 「奴石丁來言, 今年吾家畓所出, 共八十三石.」(『미암일기』 1569년 10월 29일 조).

14 여기서는 『경국대전』의 원칙에 따라 전석(全石)은 20말로, 평석(平石)은 15말로 환산하였다.

15 「給奴婢來朔料, 婢子米三斗·奴子米五斗式.」(『미암일기』 1568년 1월 30일 조); 「給奴婢朔料, 三奴各五斗二婢各三斗.」(『미암일기』 1568년 6월 3일 조); 「給奴婢朔料, 三奴各米五斗·婢各三斗.」(『미암일기』 1568년 7월 7일 조); 「給三奴米各五斗·小豆各一斗, 二婢各米三斗.」(『미암일기』 1571년 12월 1일 조).

16 『미암일기』 1573년 8월 23일 조.

17 『미암일기』 1569년 10월 15일 조, 1570년 10월 8일 조, 1570년 10월 25일 조, 1570년 11월 7일 조.

18 「全億家人, 來受畓價. 我家以在京祿米二石·太三石, 爲二十匹半給之.」(『미암일기』 1570년 12월 14일 조).

19 『미암일기』 1567년 11월 12일, 1568년 1월 29일, 1569년 10월 15일, 1570년 6월 2일, 1573년 1월 8일 조.

20 『미암일기』 1568년 4월 18일 조, 1573년 4월 7일 조, 1576년 7월 25일 조.

21 『미암일기』 1574년 7월 13일 조.

22 『미암일기』 1568년 1월 29일 조, 1568년 4월 14일 조, 1568년 4월 25일 조, 1569년 7월 22일 조.

23 『미암일기』 1568년 10월 22일 조, 1569년 10월 23일 조, 1575년 11월 11일 조, 1576년 1월 7일 조, 1576년 6월 14일 조.

24 『미암일기』 1568년 7월 13일.

25 『미암일기』 1568년 7월 16일 조.

26 『미암일기』 1569년 7월 22일 조.

27 『明宗實錄』 권16, 명종 9년 4월 27일 조.

28 「捧冬至使路費, 以其封餘, 分送前使及各處.」(『미암일기』 1571년 7월 6일 조); 「湖南禮房營吏, 所送各處封餘分送. 受答六道來.」(『미암일기』 1571년 11월 13일 조).

29 『미암일기』 1567년 11월 11일 조.

30 『미암일기』 1573년 3월 22일 조.

31 『미암일기』 1571년 4월 4일 조.

32 『미암일기』 1571년 4월 10일 조.

33 『미암일기』 1571년 5월 8일 조.

34 『미암일기』 1571년 5월 15일 조.

35 『미암일기』 1571년 9월 9일 조.

36 周藤吉之,「高麗末より朝鮮初期に至る奴婢の研究」『歴史學研究』9-1, 1937; 田川孝三,『李朝貢納制の研究』東洋文庫, 1964; 李載龒,「朝鮮初期 奴婢의 研究」『崇田大論文集』3, 1971; 지승종,「朝鮮前期 公奴婢制度의 構造와 變化」『韓國學報』32, 1982; 全炯澤,「朝鮮初期 公奴婢 勞動力 動員體制」『國史館論叢』12, 1990.

37 지승종,「朝鮮前期 公奴婢制度의 構造와 變化」『韓國學報』32, 1983, 59쪽.

38 『미암일기』 1574년 5월 29일 조.

39 『미암일기』 1574년 7월 11일 조.

40 「余兵房時丘史十名·差備六名, 差備四名·步兵二名, 則以選上. 至十月乃俸, 步兵一名六匹.」(『미암일기』 1569년 8월 28일 조).

41 「禮房承旨本院選上三名, 禮賓·司譯院·奉常寺·司畜署·歸厚署等選上各一名, 典牲署一名, 都令公陪. 又一名草差備, 又二名柴差備, 其餘八名爲丘使, 可謂過多矣.」(『미암일기』 1570년 9월 27일 조).

42 『經國大典』에는 一品 5명, 二品 4명, 堂上三品 3명, 堂下三品 2명, 四品 1명을 지급하도록 하였다(『經國大典』刑典 根隨條).

43 田川孝三, 앞의 책, 710-712쪽.

44 「墨貴石, 自是月充吾丘從.」(『미암일기』 1568년 3월 1일 조).

45 「弘文館奴婢色書吏被招來. 饋酒與全鰒, 議墨貴石代立玉石之事.」(『미암일기』 1568년 3월 5일 조).

46 「亇貴石今年之番已盡於自三月至八月, 故玉石者, 今月還爲吾奴.」(『미암일기』 1568년 8월 29일 조).

47 「中樞府丘從四人來.」(『미암일기』 1573년 3월 8일 조).

48 『미암일기』 1572년 10월 8일 조.

49 『미암일기』 1568년 3월 9일 조, 1574년 2월 8일 조, 1574년 6월 13일 조.

50 『미암일기』 1568년 8월 28일 조, 1569년 7월 16일 조, 1570년 8월 4일 조, 1573년 1월 8일 조.

51 『미암일기』 1568년 8월 7일 조, 1568년 8월 10일 조, 1569년 6월 21일 조.

52 『미암일기』 1569년 7월 16일 조.

53 『미암일기』 1569년 6월 21일 조, 1570년 8월 8일 조.

54　『미암일기』1569년 11월 24일 조, 1570년 11월 24일 조, 1570년 12월 5일 조, 1571년 1
　　월 10일 조, 1575년 11월 19일 조, 1576년 1월 7일 조, 1576년 1월 11일 조.

55　「納墨貴石紙六卷, 于玉堂.」(『미암일기』, 1573년 1월 20일 조); 「以亇貴石, 今年貢白紙六卷,
　　送于玉堂. 掌務吏崔彦國受之.」(『미암일기』1574년 3월 11일 조).

56　金玉根, 『朝鮮王朝財政史硏究』II, 일조각, 1987, 42-44쪽.

57　「奉常副奉事洪翼世, 持牒呈禮曹草. … 以選上七十三名, 於兩提調各二, 名正三名, 僉
　　正以下, 各一名. 園頭奴等, 比前減給云. 此蓋不得已處之者也.」(『미암일기』1572년 10월 29
　　일 조).

58　「校書博士張文翰, 持館中故事單字來示. 聞館中元有選上十七名, 去年削五名, 今存
　　十二名, 博士以下無選上, 校理以上至提調, 各有一名云.」(『미암일기』1573년 1월 4일 조).

59　田川孝三, 앞의 책, 661-662쪽.

60　「館吏, 又持秋等選上木十八匹, 蓋三人之價布也.」(『미암일기』1568년 8월 2일 조); 「步兵一
　　名六匹.」(『미암일기』1569년 8월 28일 조); 「去十六日, 都摠府校書館二朔步兵一名價六匹
　　來.」(『미암일기』1573년 11월 19일 조).

61　『미암일기』1571년 11월 29일 조.

62　韓嬉淑, 「朝鮮初期의 伴倘」, 『歷史學報』112, 1986.

63　『經國大典』兵典 伴倘條.

64　「潭陽奴必同・大工・玉石・芒種, 白波宅奴貴同, 伴人崔崙會・朱波攄・應伊持馬六匹來
　　… 一匹卽崔崙會, 一匹卽末伊所送也.」(『미암일기』1569년 9월 23일 조).

65　「兵營吾伴人, 白丁王孫來聽命.」(『미암일기』1569년 10월 29일 조).

66　「余品伴倘, 只充一, 而二闕. 簡請具南原. 觀勢圖之.」(『미암일기』1570년 8월 9일 조).

67　「趙慶福言, "其家隣居良人朴根壽, 堪充伴倘"云.」(『미암일기』1571년 3월 20일 조).

68　「山陰宰差病退, 記官陳世寬, 爲我伴人. 世寬送眞荏一斗・大乾柿二貼來.」(『미암일기』
　　1572년 11월 26일 조).

69　『미암일기』1569년 9월 18일 조.

70　『미암일기』1569년 9월 5일 조, 1569년 12월 9일 조, 1570년 8월 9일 조, 1571년 1월
　　26일 조.

71　「尹寬中來言, 靈巖玉泉里水軍金朱觀子新律生金光胤, 願爲吾伴人, 而令其婢年
　　四十七, 代役於小家云.」(『미암일기』1569년 12월 9일 조).

72　「營白丁德孫持兵使所定帖字來示, 乃以德孫, 換其兄王孫也. 卽修謝簡, 定身貢, 令納

于波多里山家.」(『미암일기』1571년 2월 3일 조).

73 「興陽崔仁甫, 持今年身貢上來. 卽全鰒一貼·文魚二束·大蝦十五束·民魚二尾·大海衣
一貼·柚子五十介也.」(『미암일기』1573년 11월 23일 조).

74 「山陰伴人陳世寬, 遣其子, 持不用木綿花四十九斤, 以爲六十斤. 余退之, 令備納一年
身貢正五升十二匹.」(『미암일기』1574년 2월 21일 조).

75 「山陰陳世寬伴人之貢, 只送不用木花四十九斤. 夫人怒而却之. 其男持來者 以其木花,
更備五升木八正納之, 未收四匹.」(『미암일기』1574년 2월 23일 조).

76 韓嬉淑, 앞의 논문, 29쪽.

77 『미암일기』1571년 1월 26일 조, 1571년 1월 28일 조, 1571년 2월 3일 조.

78 『미암일기』1571년 11월 29일 조.

79 韓嬉淑, 앞의 논문, 25-28쪽.

80 「林濟來乞爲余仮伴人. 余以爲宜通于海南, 使陳省上來, 則本土自然不敢定軍. 濟以私
意, 直請圖出差帖于兵曹. 余以爲違法而不從.」(『미암일기』1573년 8월 22일 조).

81 「尹審中持厥父大用(行)公書來. 勉中以元禮(尹復)伴人, 被刷出定軍, 又以其兄明中天文
學生徒率丁, 敬差官粘移乞通于兵曹. 余卽簡通于兵判姜公.」(『미암일기』1574년 3월 11일 조).

82 『미암일기』1573년 8월 26일 조.

83 필자는 개인이 현물을 주고받는 행위를 "受贈"과 "贈與"로 설명하였다. 즉, 타인으로
부터 받은 것을 受贈으로, 반대로 타인에게 물품을 주는 것으로 贈與라 하였다(「16
세기 朝鮮 兩班官僚의 仕宦과 그에 따른 收入―柳希春의 ≪眉巖日記≫를 중심으로―」『歷史學報』145,
1995, 124-135.). 이와 관련하여 宮嶋博史는 시장이 개입되지 않은 경제 형태를 "贈答經
濟"로(미야지마 히로시 지음, 노영구 옮김, 『양반』, 강, 1996, 153-159; 『明淸과 李朝의 時代』, 중앙공론
사, 1999, 131-133.), 박이택은 선물 교환으로(「農村社會에서의 膳物交換: 1834-1956」『맛질의 농민
들』, 일 조각, 2001.), 그리고 이헌창은 互惠, 膳物交換으로 사용하였다(「朝鮮時代 國家의 再
分配機能과 國內商業政策」, 『省谷論叢』27-2, 1996; 「시장교환」, 『조선시대생활사』2, 역사비평사, 2000.).
그러나 경제사적 입장에서 볼 때 "선물경제"는 "시장경제"와 대응되는 논리로 볼 수
있다. 특히 16세기 조선에서 확인되는 선물경제는 세계사적으로 찾아보기 어려운 형
태이기 때문이다. 이에 본고에서는 경제사적 의미를 원용하여 시장을 통하지 않고
수수되는 인적·물적 재원을 "膳物(gift)"로, 주고받는 행위를 受贈과 贈與, 이러한 선물
로 운영되던 경제체제를 "膳物經濟"로 설정하기로 한다.

84 관직자는 친부모가 살아 있을 때에는 覲親이라 하여 3년에 한 번 부모를 뵐 수 있었

으며, 부모가 사망하였을 경우에는 掃墳이라 하여 5년에 한 번씩 휴가가 주어졌다. 그리고 부모의 봉분이 훼손되었을 때에는 加土라 하여 별도로 휴가를 주었다. 이 외에도 자손이 혼인하거나 한여름 더울 때에도 沐浴이라 하여 휴가를 얻을 수 있었다 (『經國大典』 1, 吏典, 給假條.).

85 「尹寬中云, 監大麥收二十三石云.」(『미암일기』 1568년 8월 6일 조).

86 「奴石丁來言, "今年吾家畓庫所出, 共八十三石".」(『미암일기』 1569년 10월 29일 조).

87 「與夫人議家計, 夫人歷數潭陽田畓, 余因記于夫人私集册, 大槪畓全七石九斗落只田太種一石十八斗落只爾.」(『미암일기』 1575년 11월 16일 조).

88 「萬曆十一年柳景濂三子息平均分給明文」, 『古文書』 1册 (全南大博物館, 1983, 90-93쪽).

89 『미암일기』 1576년 3월 8일 조.

90 「金司果壬申冬, 遣奴議婚, 其奴歸言於主曰, "家戶蕭條, 裏貧可知", 其主金聲遠 怒而笞之.」(『미암일기』 1575년 11월 4일 조).

91 「因仲良妻安氏, 聞金司果家初以中間, 讒間之言, "疑我家至貧, 而饘粥不繼, 及見納采之美, 始稍解惑.」(『미암일기』 1576년 3월 4일 조).

92 「光延在余側, 余因光先之婚姻, 問光延曰, "婚姻取門高婦乎, 取家富乎". 對曰, "當取家門之高, 不可以富爲好也".」(『미암일기』 1576년 2월 28일).

93 「吾家被隣居李羲之侵奪小田, 擧而給之. 又念宋興欲買其畓之相連二斗所種 亦許其買, 皆寬容息爭之道也.」(『미암일기』 1576년 3월 4일 조).

94 「以宋庭芝, 於己酉年, 貸我家雌牛屠食, 納其筧橋畓二斗五升落只, 後七年己卯, 重復放賣於宋興, 文券發於傾日, 以示宋興, 宋興無言而復.」(『미암일기』 1568년 1월 8일 조).

95 宮嶋博史, 『明淸과 李朝의 時代』(世界의 歷史 12), 中央公論社, 1999, 128-133쪽.

96 「潭陽府使朴而實, 復與我對飯, 許防川軍而去.」(『미암일기』 1569년 10월 16일 조).

97 「三面府給三面防川軍帖字來 太谷七十五名 畓谷七十九名 可亇谷一百三十八名 可分四日用工云.」(『미암일기』 1569년 10월 20일 조).

98 「用畓谷·巭麻谷二面軍人 運石築防 光雯·金蘭玉 監其役 午 余亦暫觀而還.」(『미암일기』 1569년 10월 22일 조).

99 「閔龜·鄭岡玉來. 閔與我議黃原花山築堰作畓處, 鄭與我象戱而去 吳彥祥言 鄕吏車億世所立案禿冬音陳田 可以防築儲水 作畓四五石落只 李惟秀亦以爲然.」(『미암일기』 1569년 11월 21일 조).

100 「禿冬音軍九十名, 曳梁一條來.」(『미암일기』 1569년 12월 20일 조).

101 「康津至寧里居私奴孫石, 尹師閔之奴也. 來言, "長興至寧里, 有水根可作畬陳荒地, 已承尹寬中之敎受立案於長興府矣, 其主師閔, 居于晉州金谷, 可買以守農庄"云. 余當徐遣人觀便否, 而佚明年爲之.」(『미암일기』 1571년 1월 9일 조)

102 「珍島別監金○立案, 碧波亭右津傍, 幾五十餘石地, 如得島內軍一日之役, 畢防無疑, 土品及海物諸事, 一島之最. 吾當爲令公, 措置一農所也?」(『미암일기』 1569년 8월 10일 조)

103 「招宋濟民, 責以妄起靈光海堰必不可成之役. 又諭以白監司禁止之意, 渠惑之深, 而未遽開也.」(『미암일기』 1575년 12월 5일 조).

104 「宋濟民來告, 從近詣右水營, 請受救簡. 余卽從之, 乃濟民傾年, 妄計造欲海. 堰于靈光, 買山木千條. 今被官捉, 恐徵千匹之贖, 乞鐲免也.」(『미암일기』 1576년 2월 15일 조).

105 『미암일기』 1569년 11월 22일 조.

106 「此計有所獲利, 而役民興事, 甚未安也.」(『미암일기』 1569년 8월 10일 조).

107 「海南縣監任公應龍, 來訪談話. 聞稱余居鄕, 不墾海澤稻田, 不容戶內雜人, 淸貧無雙事. 言於李判府事及朴公素立·大立云.」(『미암일기』 1573년 9월 12일 조).

108 『미암일기』 1564년 3월 9일 조.

109 金蓮玉, 「古日記에 의한 古氣候硏究―미암일기를 中心으로」, 『論叢』 58, 이화여대 한국문화연구원, 1990, 358-362쪽.

110 「聞海南等處, 蟬蟲滿野, 已失早穀, 晩禾將朽棄, 無望西成.」(『미암일기』 1568년 8월 15일 조).

111 「湖嶺二路 往往有蝗蟲之災 至爲民生之可慮云」(『미암일기』 1568년 8월 24일 조).

112 「洪原以南農 蟲生而自滅」(『미암일기』 1570년 7월 7일 조).

113 「見全羅監司書狀, 珍島水田禾穀, 庫庫朽 太粟田黑蟲侵損 海南乾付種海澤處永爲朽夏月耕種 晩粟發穗處 頭赤體黑之蟲大熾 盡爲侵食」(『미암일기』 1570년 8월 22일 조).

114 「夜, 因光雯, 聞濟州出來查山稻, 漸蕃於湖西恩津等處, 糯山稻卽尤好, 大槪一斗之種, 秋收十餘石, 皮稻十五斗, 可出米二斗, 視世上他稻, 其出倍蓰實, 東方氓庶充飢之大寶云.」(『미암일기』 1571년 3월 19일 조).

115 「博士鄭彦湜, 自京下來過訪, … 議換稻事.」(『미암일기』 1575년 11월 10일 조).

116 「初九日晨, 奴夢勤, 以換稻事, 與鄭彦湜奴, 如海南.」(『미암일기』 1575년 12월 8일 조).

117 「右明文爲臥乎事段, 矣妻邊別得爲有臥乎, 花開合代田肆字路上西邊, 太種貳斗落只伍卜三庫庫乙, 價折正米拾肆石乙, 交易捧上爲遣同宅處, 永永放賣爲去乎, 後此雜談爲去等, 此文記貌如告官辨正事」(「萬曆元年癸酉二月二十三日必同宅前明文」, 『古文書』 1冊(全南大

博物館), 1983, 99쪽].

118 「石丁報吾道峴木綿田, 今年分半, 得一百五十斤云.」(『미암일기』1573년 12월 15일 조).

119 「與夫人議家計, 夫人歷數潭陽田畓, 余因記于夫人私集冊, 大槪畓全七石九斗落只, 田太種一石十八斗落只爾.」(『미암일기』1575년 11월 16일 조).

120 「尹寬中云, "監大麥收二十三石"云.」(『미암일기』1568년 8월 6일 조).

121 「尹寬中報云, "吾鄕農事有秋"云.」(『미암일기』1569년 7월 29일 조).

122 「奴石丁來言, "今年吾家畜庫所出, 共八十三石"云.」(『미암일기』1569년 10월 29일 조).

123 「奴石鼎白是云, "金德濟旣換宋仁弼田, 又羊幕田車種二斗落地種 幷以合耕 至爲" 可怪云.」(『미암일기』1570년 8월 13일 조).

124 「石丁報, "吾道峴木綿田, 今年分半, 得一百五十斤"云.」(『미암일기』1573년 12월 15일 조).

125 「石丁以太十六斗, 買小施郞三介·鋪一·粗一.」(『미암일기』1571년 1월 26일 조).

126 「石丁白是, "荒租四十石鍊正, 作正租二十六石四斗, 宣傳官宅正租三十二石十四斗, 載船上送"云.」(『미암일기』1574년 3월 29일 조).

127 「海南奴石丁, 自法聖倉納田稅所來謁. 吾夫婦見而喜甚.」(『미암일기』1576년 3월 8일 조).

128 『미암일기』1576년 3월 9일 조.

129 「以今年戶籍, 入於潭陽, 令景濂正書. 吾夫婦兩邊奴婢, 幾至一百口, 戶籍不於海南而於潭陽, 余心未安.」(『미암일기』1576년 3월 8일 조).

130 李榮薰, 「한국사에 있어서 奴婢制의 추이와 성격」, 『노비·농노·노예―隷屬民의 比較史』一潮閣, 1998, 370쪽.

131 金容晩, 「朝鮮時代 私奴婢硏究―新奴婢 槪念設定을 위한 試論」, 『嶠南史學』4, 1989.

132 『日記』에서는 光先의 혼인 시에 大小 2쌍의 奴 4口(大者: 雙是·丙辰, 小者: 石伊·末石) 지급되고 있다(「余夫人議定光先新奴, 小者一雙 石伊·末石是也, 大者丙辰及長城邊, 作雙是也.」『미암일기』1573년 8월 26일 조).

133 「姉氏令吳彦祥, 改寫贈與奴婢文記.」(『미암일기』1567년 12월 11일 조).

134 「光雯來自潭陽, 爲推促朝眞事也.」(『미암일기』1567년 12월 18일 조).

135 「奴婢有舊有功者, 皆賞之, 以姉氏所贈奴婢五口及妾得一口, 皆官署出.」(『미암일기』1567년 12월 21일 조).

136 「奴內隱石, 還自開城府, 以鑰鉢二介·銅盤一介, 塞十年身貢之闕, 余笑而受之.」(『미암일기』1567년 2월 2일 조).

137 『선조실록』권7, 선조 6년 12월 2일 조.

138 「婢李臺, 丑時産男, 乃正月一年之慶也.」(『미암일기』 1573년 1월 19일 조).

139 「人定後, 婢十月解胎, 乃女也.」(『미암일기』 1573년 9월 12일 조).

140 「吳姊送奴介同, 以呈法司, 辨正寬孫之誣告也.」(『미암일기』 1568년 9월 25일 조).

141 「吳姊宅婢夫林介同, 受書簡下去, 乃送珍原·羅州·海南三族家也.」(『미암일기』 1568년
10월 1일 조).

142 「於憲府坐起, 吳姊宅奴介同呈所志, 憲府受而付持平柳濤, 書吏朱壽千言于余, 今以介
同無所爲明欲送還.」(『미암일기』 1568년 9월 29일 조).

143 「余以妹所請婢夫免五家之役.」(『미암일기』 1569년 10월 10일 조).

144 「南原府使因余昨囑, 除韓溫及妹家婢夫三名統紀.」(『미암일기』 1569년 10월 11일 조).

145 「軍籍敬差官盧稙, 令各宅首奴·婢夫·雇工自望成册. 吾奴石丁者, 以金守連·金萬守二
名, 自首于城主前置簿云.」(『미암일기』 1573년 11월 29일 조).

146 「尹參判毅中來訪. 余請救李廷顯子于忠州, 以推捉叛奴而逢窩主之打也. 尹公從之.」
(『미암일기』 1568년 2월 1일 조).

147 「仲黙兄簡來, 以前日奴婢推捉, 乞簡西京監司. 余不副. 發怒誚責.」(『미암일기』 1568년 5월
1일 조).

148 「又星州呂之秀, 嘗從權監司應昌來湖南, 奪取吾韓妹金堤居二婢之事. 崔都事答以當
曉使還本云.」(『미암일기』 1568년 10월 30일 조).

149 「成天授來謁, 余爲其推捉頑奴, 通簡于京圻監司.」(『미암일기』 1570년 8월 1일 조).

150 「邊養中詣湖南, 推奴婢. 余給簡于扶安·南平.」(『미암일기』 1574년 3월 22일 조).

151 許寬孫과의 송사에 대해서는 具玩會가 孼子女의 신분귀속문제를 살피기 위해 살펴본
바 있다(「朝鮮 中葉 士族 孼子女의 贖良과 婚姻 ─《眉嚴日記》를 통한 사례검토」 『慶北史學』 8, 1985).

152 『미암일기』 1568년 3월 23일 조.

153 『미암일기』 1568년 3월 24일 조.

154 『미암일기』 1568년 3월 29일 조,「掌隷院의 防啓」(『미암일기』 1卷, 168쪽).

155 「司憲府金○秀來言, "許寬孫累次呈憲府, 昨日接狀. 取兵曹入居案觀之, 以甫南入居,
爲可信"云.」(『미암일기』 1568년 8월 19일 조).

156 『미암일기』 1576년 3월 8일 조.

157 「金堤奴馬乙同來.」(『미암일기』 1571년 2월 25일 조);「金堤居老婢馬德來謁, 余及夫人憐恤.」
(『미암일기』 1576년 1월 29일 조).

158 「晉州居婢乞眞之父來.」(『미암일기』 1576년 2월 5일 조).

159 『미암일기』1576년 1월 20일 조.

160 『미암일기』1568년 2월 2일 조.

161 「奴內隱石, 還自開城府. 以鑰鉢二介·銅盤一介, 塞十年身貢之闕. 余笑而受之.」(『미암일기』1567년 2월 2일 조).

162 「乞工者, 前日持貢匹來此, 不現謁而還逃. 今日捉來打臀.」(『미암일기』1576년 1월 20일 조).

163 「以戊子今年貢送白米拾斗·眞荏子一斗于李恩津愃宅, 李公喜買酒以飮奴子云.」(『미암일기』1568년 2월 11일 조);「以白米十斗·眞荏子一斗, 爲海成今年身貢, 納于倭館洞儒生洪磻宅. 其家喜而饋酒.」(『미암일기』1568년 3월 15일 조);「以白米十斗, 送于李恩津宅, 爲妾之身貢也.」(『미암일기』1570년 10월 11일 조).

164 「夫人以景濂祿米及添補, 送白米七十斗于市, 以買五升木十四匹, 每一匹給五斗故也.」(『미암일기』1573년 8월 23일 조).

165 「聞夫人以朋世·大工·玉石·南伊, 爲上京之奴. 余欲家率漢風, 又定有之·白隱非二婢. 白婢緩拙, 不足於二婢之役, 欲改之.」(『미암일기』1569년 12월 8일 조).

166 「海南奴繼福·漢福又來, 余命夢古里留此, 其餘三奴上去, 奴漢陽·繼福·漢福 辭上京.」(『미암일기』1576년 1월 25일 조).

167 「以奴梧石乞歸救其母生計, 余從之.」(『미암일기』1571년 11월 13일 조).

168 「給奴婢來朔料 婢子米三斗·奴子米五斗式」(『미암일기』1568년 1월 30일 조).

169 「給奴婢朔料, 三奴各五斗二婢各三斗.」(『미암일기』1568년 6월 3일 조).

170 「米給奴婢朔料, 三奴各米五斗·婢各三斗.」(『미암일기』1568년 7월 7일 조).

171 「給三奴米各五斗·小豆各一斗, 二婢各米三斗.」(『미암일기』1571년 12월 1일 조).

172 李樹煥은 서원노비 중 순수하게 원내의 각종 잡역을 담당하는 자에게 노동의 대가로 춘추로 일정양의 쌀(쌀 7말 5되-1섬 정도)를 급료형식으로 지급받았음을 지적하였다(「朝鮮後期 書院奴婢 身貢에 대한 硏究—陶山書院 奴婢·身貢案을 중심으로」,『民族文化論叢』10, 1989, 114-117쪽).

173 「外孫女恩遇, 穎悟過人, 同遊小婢末德, 指傷而泣. 傍有小婢竹梅曰, "阿只氏盍亦同泣?" 恩遇曰, "若母氏泣, 則我當泣, 婢子之泣, 我何同泣?" 其分辨親疎尊卑之等第, 高出尋常, 豈不奇哉.」(『미암일기』1573년 2월 19일 조).

174 이에 대해서는 이미 池承鍾이 이미 주목한 바 있다. 그는 유희춘이 奴婢統制에 있어 『庭訓』에 수록된 '治生銘' 중 「駕御僮僕」을 (『眉巖先生全集』一卷, 경인문화사, 276쪽) 기준으로 한 것으로 파악하고 있다.

175 趙浚來는 노비들에게 가족과 같이 관심을 갖고 대하는 것을 金宏弼 이래의 道學思想이 반영된 것으로 보기도 한다(「士禍期 호남사림의 學脈과 金宏弼의 道學思想」, 『東洋學』 25, 1994, 270쪽).

176 「到水原, 又得狗皮一領, 通計四領, 分給三奴·館人, 恩津三人·崔尙重奴, 合八人耳掩次各半領.」(『미암일기』 1567년 10월 27일 조); 「以祿布二匹, 分給四奴, 各半匹爲夏衣也.」(『미암일기』 1568년 4월 22일 조); 「天安郡守朴春榮公元, 甚敬且厚, 惠二婢, 狗皮各二領·白米各三斗.」(『미암일기』 1568년 1월 20일 조).

177 「金慕齋相公宅奴甘孫, 曾爲相公行祭者, 以隨往長湍來到. 余以白米一斗給之.」(『미암일기』 1567년 10월 30일 조).

178 「奴婢有舊有功者, 皆賞之.」(『미암일기』 1567년 12월 21일 조).

179 「朴君蘭榮之奴, 受末醬太二十斗而去. 別以太一斗酬其勞.」(『미암일기』 1568년 2월 2일 조).

180 「四覓氷而不得, 奴玉石者, 幸得於內氷庫直一塊. 深喜, 而賞以扇·米.」(『미암일기』 1574년 8월 15일 조).

181 「蓮池洞李正郎宅婢莫德, 以其主之命來謝. 乃昔年隨習之到甲山者也. 余以白米一斗贈之.」(『미암일기』 1567년 10월 30일 조).

182 「聞吳姊宅老婢强阿只化去, 年七十一, 少時負我孩提者也. 當致賻.」(『미암일기』 1574년 9월 12일 조).

183 「石丁, 事主有誠, 不爲欺詐, 夫人辛未年在海南疾病, 盡心救護. 故吾夫婦別饋食. 夫人給布半匹. 余賜筆墨. 石丁感泣.」(『미암일기』 1576년 3월 9일 조).

184 「以布三尺半, 給老婢應伊, 以家門久遠婢子故也.」(『미암일기』 1576년 5월 18일 조).

185 「奴玉石中寒, 腹心痛氣塞, 急以蘇合元灌之, 得蘇. 朝, 醫員金彦鳳來, 診玉石. 以爲脈順可療云.」(『미암일기』 1572년 9월 7일, 8일 조).

186 「奴玉石, 傷風臥痛. 一家憂救. 金彦鳳來診玉石. 以爲可治云.」(『미암일기』 1574년 1월 8일 조).

187 「小婢叾今, 直宿女子房戶外, 寢中誤落于庭, 頭觸醬甕而碎, 一家驚視.」(『미암일기』 1573년 8월 28일 조).

188 「婢李臺, 患疹痘, 今已六日.」(『미암일기』 1573년 11월 4일 조).

189 「醫員沈安信來謁. 余令診婢淡德之核結. 沈云可以腐之, 其藏藥人在東大門外云.」(『미암일기』 1574년 9월 8일 조).

190 「以奴梧石乞歸, 救其母生計. 余從之.」(『미암일기』 1571년 11월 13일 조).

191「奴千里以去年八月二十日, 到鍾城見母. 其母已病, 喜於得見. 至九月初三日而歿. 千里之去, 乃吾夫婦之勸送也. 得訣別於垂死, 亦一大幸.」(『미암일기』 1576년 1월 16일 조).

192「奴夢勤受由, 歸海南.」(『미암일기』 1576년 6월 4일 조).

193「石丁, 事主有誠, 不爲欺詐. 夫人辛未年在海南疾病, 盡心救護. 故吾夫婦別饋食. 夫人給布半匹, 余賜筆墨. 石丁感泣.」(『미암일기』 1576년 3월 9일 조).

194「世同, 詣鍾城, 力救景濂之病. 爲我伻于關西, 一尺之布, 無所私己, 蓋忠奴也. 余甚愛之, 雖姻家之奴, 視之猶吾家奴石丁爾.」(『미암일기』 1576년 3월 13일 조).

195「今午, 笞夢勤·大工, 以昨日隨行而擅離也.」(『미암일기』 1568년 2월 2일 조).

196「奴夢勤者, 厭刈草, 忿傲不遜. 余笞脛四十.」(『미암일기』 1568년 5월 7일 조).

197「婢芙蓉與奴大工相鬪, 余笞其脚.」(『미암일기』 1568년 7월 24일 조).

198「行廊房側失火, 驚救得息. 因笞不謹之婢.」(『미암일기』 1568년 9월 10일 조).

199「以奴漢風偸食馬料, 致白驄馬之瘦. 爲驪州理馬所識, 故追治其罪, 而笞脛臀.」(『미암일기』 1572년 9월 17일 조).

200「以漢守抗拒久不來. 至於囚其妻, 然後乃來. 頑悍之罪, 余出坐斜廊, 以笞三十. 又遍敎奴子婢夫曰, "世間留鄕所之奴, 尙且恣橫, 至於宰相奴僕, 尤當謹愼. 汝等若作畓而不與人均水, 入場市而與人爭利, 一切恃勢侵人之事, 皆不得爲. 敢犯吾敎令, 則余不特杖臀笞脛, 將打足掌, 汝等宜操心謹畏." 奴等皆唯唯而退.」(『미암일기』 1576년 1월 16일 조).

201「北叱仇未私奴巨孫者, 持船與人爭載, 自稱柳承旨宅船. 余因漢風, 聞而惡之, 遣陪人白于城主. 城主卽囚之, 後笞四十.」(『미암일기』 1571년 1월 20일 조).

『善山柳氏派譜』(국립중앙도서관 朝. 58-34-13).

『耽津崔氏族譜』(국립중앙도서관, 古 2518-系 82,897).

『洪州宋氏世譜』, V.I 孫錄 洪州宋氏族譜編纂委員會, 光州, 1976.

景仁文化社 刊, 『眉巖先生全集』三卷.

潭陽鄕土文化硏究會, 『眉巖日記』1-5, 1992-1996.

全南大博物館, 『古文書』1册, 1983.

朝鮮史編修會, 『眉巖日記草』I-V, 1937.

고영진, 『호남사림의 학맥과 사상』, 혜안, 2007.

김남일, 『동의보감의 지식 체계와 동아시아 의과학』, 한국학중앙연구원,
    2016.

김성우, 『조선중기 국가와 사족』, 역사비평사, 2001.

김연옥, 『한국의 기후와 문화』, 이화여자대학교 출판부, 1985.

김용만, 『조선시대 사노비연구』, 집문당, 1997.

송재용, 『미암일기 연구』, 제이앤씨, 2008.

안병직·이영훈 편저, 『맛질의 농민들―한국근세촌락생활사』, 일조각,
    2001.

역사학회 편, 『노비·농노·노예―예속민의 비교사』, 일조각, 1998.

이경식, 『조선전기 토지제도연구』, 일조각, 1986.

이성무, 『영남학파의 형성과 전개』, 일조각, 1995.

_____,『조선양반사회연구』, 일조각, 1995.

이수건,『조선시대 지방행정사』, 민음사, 1989.

이영훈,『조선후기 사회경제사』, 한길사, 1988.

_____,『한국경제사 I』, 일조각, 2016.

이재룡,『조선초기 사회구조연구』, 일조각, 1984.

임상혁,『나는 노비로소이다―소송으로 보는 조선의 법과 사회』, 역사비평
사, 2020.

전형택,『조선후기 노비신분연구』, 일조각, 1989.

정창권,『홀로 벼슬하며 그대를 생각하노라』, 사계절, 2003.

지승종,『조선전기 노비신분연구』, 일조각, 1995.

田川孝三,『李朝貢納祭の硏究』, 東洋文庫, 1964.

宮嶋博史,『兩班』, 中公新書, 1995 (노영구 옮김,『양반』, 강, 1996).

_____,『明淸と李朝の時代』(世界의 歷史 12), 中央公論社, 1999.

기시모토 미오·미야지마 히로시 지음, 문순실 옮김,『조선과 중국: 근세 오
백년을 가다』, 역사비평사, 1998.

마르티나 도이힐러,『조상의 눈 아래에서―한국의 친족, 신분 그리고 지역
성』, 너머북스, 2018.

권수용,「미암(眉巖) 후손 유복삼(柳復三)의 위선(爲先) 활동」,『국학연구』23,
한국국학진흥원, 2013.

고영진,「선조대 성리학 연구와 학술 진흥에 기여한 호남 사림」,『63인의 역
사학자가 쓴 한국사 인물 열전』2, 한영우선생정년기념논총 간행위
원회, 돌베개, 2003.

_____,「양반관료 류희춘의 관계망」,『사회적 네트워크와 공간』, 이태진교
수 정년기념논총간행위원회, 2009.

구완회, 「朝鮮 中葉 士族孼子女의 贖良과 婚姻;《眉巖日記》를 통한 사례검토」, 『경북사학』 8, 경북대학교 인문대학 사학과, 1985.

김경숙, 「19세기 향촌 사대부가의 山訟 실태와 滯訟 —潭陽 善山柳氏家 소장 고문서를 중심으로」, 『역사학연구』 66, 호남사학회, 2017.

김경호, 「혼인의 관계망을 통해 본 16세기 호남유학」, 『영남학』 64, 영남문화연구원, 2018.

김연옥, 「古日記에 依한 古氣候研究; 眉巖日記를 中心으로」, 『한국문화연구원 논총』 58, 이화여대 한국문화연구원, 1990.

김 호, 「16세기 후반 京·鄕의 의료 환경 —『眉巖日記』를 중심으로」, 『대구사학』 64, 대구사학회, 2001.

민혜영, 「眉巖 柳希春의《尙書》이해 —《朝鮮王朝實錄》과 經筵 자료를 중심으로」, 『남명학연구』 76, 경상대학교 경남문화연구소, 2022.

박명희, 「眉巖 柳希春 詩에 구현된 尊朱子 의식」, 『국학연구논총』 9, 택민국학연구원, 2012.

배현숙, 「宣祖初 校書館活動과 書籍流通考 —柳希春의《眉巖日記》分析을 中心으로」, 『서지학연구』 18, 한국서지학회, 1999.

_____, 「《續蒙求分註》版本考」, 『서지학연구』 26, 서지학회, 2003.

백승종, 「16세기 조선사회의 젠더gender 문제와 성리학 송덕봉이란 여성의 입장에서 살핌」, 『역사학보』 197, 역사학회, 2008.

송 욱, 「李滉 自筆校正本《朱子語類》의 價値와 그의 學問方法論(修養法)」, 『역사학보』 47, 역사학회, 1970.

송재용, 「眉巖 柳希春의 生涯와 學問」, 『퇴계학연구』 10, 단국대학교 퇴계학연구소, 1996.

_____, 「《眉巖日記》의 書誌와 史料的 價値」, 『퇴계학연구』 12, 단국대학교 퇴계학연구소, 1998.

_____, 「宋德峯의 生涯와 詩世界」, 『퇴계학연구』 17, 단국대학교 퇴계학연구소, 2003.

_____, 「《默齋日記》와 《眉巖日記》를 통해 본 16세기의 冠·婚·喪·祭禮」, 『한문학논집』 30, 근역한문학회, 2010.

신동원, 「조선 후기 의약생활의 변화: 선물경제에서 시장경제로 ─《미암일기》, 《쇄미록》, 《이재난고》, 『흠영』의 분석》, 『역사비평』 통권 75, 역사비평사, 2006.

우정임, 「《眉巖日記》를 통해 본 柳希春의 서적교류와 지방판본의 유통」, 『지역과 역사』 26, 부경역사연구소, 2010.

이연순, 『眉巖 柳希春의 日記文學 연구』, 이화여대 박사학위 논문, 이화여자대학교 대학원 국어국문학과, 2009.

이민주, 「복식 장만과 관리를 통한 16세기 사대부 집안의 의생활 ─『미암일기』를 중심으로」, 『정신문화연구』 129, 한국학중앙연구원, 2012.

이성임, 「16세기 朝鮮 兩班官僚의 仕宦과 그로 인한 收入─柳希春의 《眉巖日記》를 중심으로」, 『역사학보』 145, 역사학회, 1995.

_____, 「朝鮮 中期 어느 양반가문의 農地經營과 奴婢使喚─柳希春의 《眉巖日記》를 중심으로」, 『진단학보』 80, 진단학회, 1995.

_____, 「朝鮮中期 柳希春家의 物品購買와 그 性格」, 『한국학연구』 9, 인하대학교한국학연구소, 1998.

_____, 「16세기 양반관료의 外情 ─柳希春의 《眉巖日記》를 중심으로」, 『고문서연구』 23, 한국고문서학회, 2003.

_____, 「조선 중기 양반의 성관념과 그 표출양상」, 『조선시대의 사회의 모습』, 집문당, 2003.

_____, 「16세기 柳希春家의 海南造舍와 物力 동원」, 『인하사학』 10, 인하역사학회, 2003.

_____, 『16세기 兩班의 經濟生活 연구』, 인하대학교 박사학위논문, 인하대학교 대학원, 2003.

_____, 「16세기 양반사회의 '膳物經濟'」, 『한국사연구』 130, 한국사연구회, 2005.

_____, 「16세기 宋德峰의 삶과 성리학적 지향」, 『역사학연구』 45, 호남사학회, 2012.

_____, 「일기 자료를 통해 본 조선 사회의 또 다른 모습」, 『장서각』 33, 한국학중앙연구원, 2015.

_____, 「16~17세기 일기의 傳存 양상」, 『조선시대사학보』 89, 조선시대사학회, 2019.

_____, 「시와 학문을 함께 나눈 부부 ―유희춘과 송덕봉」, 『조선 사람들의 동행 ―군신, 사제, 선후배, 부부, 친구, 의형제로 읽는 역사』, 글항아리, 2021.

_____, 「16세기 양반의 稱念 수수와 그 인적 배경」, 『사림』 82, 수선사학회, 2022.

이영훈, 「한국사에 있어서 奴婢制의 추이와 성격」, 『노비·농노·노예―隷屬民의 比較史』, 일조각, 1998.

이정수, 「16세기 중반~18세기 초의 화폐유통 실태 ―生活日記類와 田畓賣買明文을 중심으로」, 『조선시대사학보』 32, 조선시대사학회, 2005.

이호열, 「16세기말 사대부가 客廳 조영사례 연구」, 『건축역사연구』 2, 한국건축역사학회, 1992.

_____, 『朝鮮前期 住宅史 硏究: 家舍規制 및 온돌에 관련된 文獻을 中心으로』, 영남대 박사학위논문, 영남대학교 대학원 건축공학과, 1992.

전경목, 「숨은그림찾기: 유희춘의 얼녀 방매명문 ―명의신탁과 뇌물청탁의 한 사례」, 『장서각』 32, 한국학중앙연구원, 2014.

_____,「《미암일기》를 통해 본 16세기 양반관료의 사회관계망 연구 —해배 직후시기를 중심으로」,『조선시대사학보』73, 조선시대사학회, 2015.

정재훈,「眉巖 柳希春의 生涯와 學問」,『남명학연구』3, 단국대학교 퇴계학연구소, 1993.

정창권,「《미암일기》에 나타난 송덕봉의 일상생활과 창작활동」,『어문학』78, 한국어문학회, 2002.

정치영,「日記를 이용한 조선중기 양반관료의 여행 연구」,『역사민속학』26, 한국역사민속학회, 2008.

정호훈,「眉巖 柳希春의 학문 활동과《治縣須知》」,『한국사상사학』29, 한국사상사학회, 2007.

_____,「15~6세기 牧民書의 전개와 牧民學」,『한국사상사학』36, 한국사상사학회, 2010.

조광현,「《眉巖日記》를 통해 본 16세기 양반관료의 근무평가와 인사이동」,『고문서연구』57, 한국고문서학회, 2020.

최주희,「16세기 양반관료의 선물관행과 경제적 성격」,『역사와 현실』71, 한국역사연구회, 2009.

_____,「19세기 재지사족층의 친족결집 노력과 내적 균열양상 —호남지역 善山 柳氏家의 친족활동을 중심으로」,『한국사학보』38, 고려사학회, 2010.

홍세영,「《眉巖日記》의 의학 기록 연구」,『민족문화』36, 한국고전번역원, 2011.

藤本幸夫,「眉巖過眼書錄」,『富山大學人文學部紀要』7, 富山大學校 人文學部, 1983.